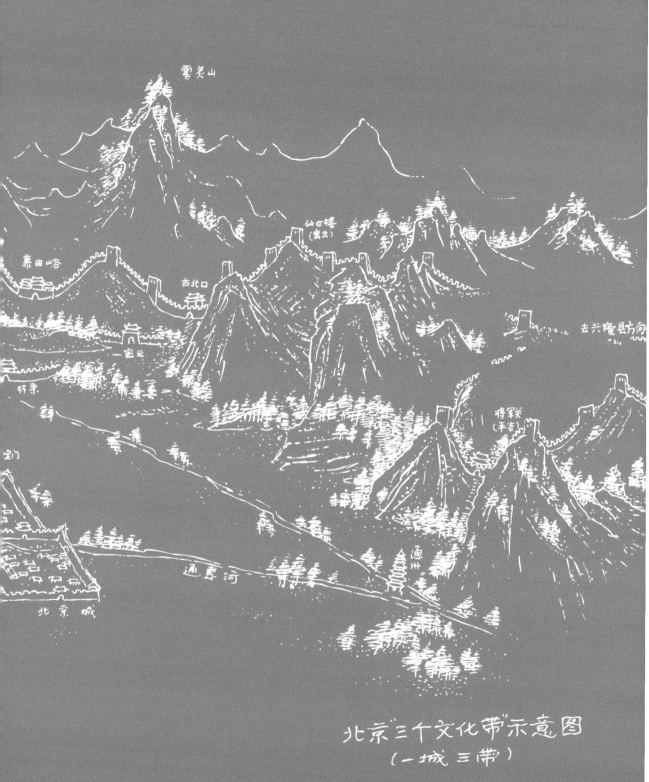

北京"三个文化带"示意图
（一城三带）

图说

北京长城文化带

李建平 张蒙 编著

中国财经出版传媒集团

经济科学出版社

Economic Science Press

·北 京·

图书在版编目（CIP）数据

图说北京长城文化带/李建平，张蒙编著. —北京：经济科学出版社，2024.9
ISBN 978-7-5218-6135-8

Ⅰ.K928.77-64

中国版本图书馆CIP数据核字第2024U7G123号

责任编辑：侯晓霞
责任校对：蒋子明
装帧设计：陈宇琰
责任印制：张佳裕

图说北京长城文化带

TUSHUO BEIJING CHANGCHENG WENHUADAI

李建平　张蒙　编著

经济科学出版社出版、发行　新华书店经销
社址：北京市海淀区阜成路甲28号　邮编：100142
教材分社电话：010-88191345　营销中心电话：010-88191522
网址：www.esp.com.cn
电子邮件：houxiaoxia@esp.com.cn
天猫网店：经济科学出版社旗舰店
网址：http://jjkxcbs.tmall.com
北京中科印刷有限公司印装

787×1092毫米　16开　12.5印张　210 000字
2024年9月第1版　2024年9月北京第1次印刷
ISBN 978-7-5218-6135-8　定价：68.00元
(图书出现印装问题，本社负责调换。电话：010-88191545)
（版权所有　侵权必究　举报热线：010-88191586
电子邮件：dbts@esp.com.cn）

目录

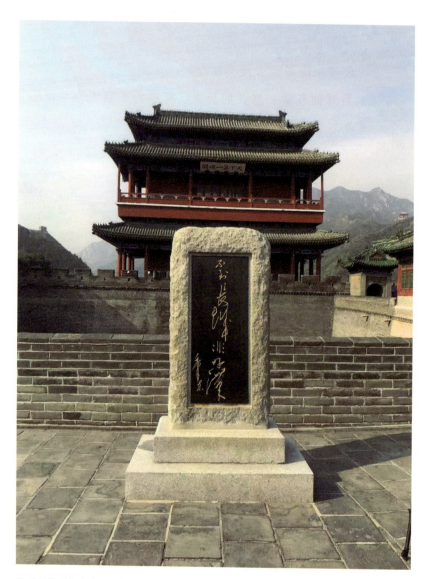

位于居庸关城上的毛泽东诗词"不到长城非好汉"

　　长城是最雄伟的中国古代文化遗存，是中华民族的骄傲，其浩大的工程、雄浑的气势、悠久的历史、深厚的底蕴实为举世罕见。长城是中华文明精神的物质载体。长城伴随了中华民族发展的主要历史，在中国东北、华北、西北万余里的北疆，从东到西横亘半个中国，是中国北方人文与大地完美的契合。长城并非孤立地存在，而是社会、环境、文化、功能等多种因素的集合体。长城的修建及其功能的发挥，长城沿线在漫长历史岁月中逐渐形成的独特区域，对中国历史上各时期的都城建设格局影响深远。

　　中国历代长城遗迹总长 21196.18 公里，是最宏伟的中国古代文化遗存。长城北京段是万里长城的精华之段，总长度约为 573 公里，从东到西横跨平谷、密云、怀柔、延庆、昌平、门头沟 6 区 36 个乡镇，见证了中华民族的生息发展，见证了古都 3000 多年的建城史和 800 多年建都史。在今天首都发展的新格局下，推进北京长城文化带的建设，更需要我们以全新的视野，从生产、生活、生态三个层面认识、分析和解读北京长城文化的延续和发展。

　　北京市范围内的长城，始建于北齐，明代又一次大规模修筑，沿燕山和太行山内侧山脊而行，整个走势呈比较连续完整的半环形。根据 2012 年国家文物局长城资源调查和认定成果，北京市内北齐长城遗存 24 处、明长城遗存 2332 处；长城墙体全长 520.77 公里，包括北齐长城墙体 46.71 公里（14 段）、明长城墙体 474.06 公里（447段），单体建筑 1742 座，关堡 147 处。北京市境内长城遗存材质类型以土、石、砖及山险为主，还包括山险墙及消失段和其他。长城北京段因其拱卫京师的特殊使命，成为有长城分布的15个省、自治区和直辖市中保存最完好、价值最突出、工程最复杂、文化最丰富的段落，是中国长城最杰出的代表。

北京在北纬40°左右，从地图上看，北纬40°也是长城地理方位维度。长城北京段所处的地理位置，自古就是一个非常重要的区域。长城北京段总体上可以划分为东西走向和北西走向两个体系，两个体系会合之点称为"北京结"。长城北京段横跨今北京北部平谷、密云、怀柔、延庆、昌平、门头沟6区，呈半环形，是明长城中保存较完整的长城段。

北京长城文化带建设是一项"保护"与"发展"相协同的可持续性项目。

新中国成立之初，国家对长城的维修、保护与综合利用给予了高度重视。1952年，政务院副总理郭沫若提议"保护文物，修复长城，向游人开放"。随后，国家文物局组织开展了居庸关、八达岭和山海关长城的修复工作。在勘察设计方案审定阶段，梁思成先生提出了长城维修的三项基本原则：古建筑维修要有古意，要"整旧如旧"，按原状维修；长城上的游客休息座椅的布置，也要讲究艺术性，不能在古长城上搞"排坐坐、吃果果"的布置，要有野趣，讲究自然；在长城边种树，不能种高大乔木，以免影响观看长城的效果。1953年，施工完成，遂对外开放。由于交通不便，去的人不多，但还是接待了不少国家元首和外宾。

1959年，北京市人民委员会发布关于保护万里长城的通知，重申万里长城是我国古代人民辛勤创造的伟大建筑，是我国的一项重要的古代文化遗产，必须根据国务院历次发布的关于保护文物的指示严加保护，要求责成当地人民公社对长城分段负责加以保护，对近年来已拆毁部分，由各有关区、县和原拆毁单位会同市文化局酌情（工作量不大的）以拆下的砖石予以修补。为加大保护力度，1961年国务院公布八达岭长城、居庸关云台为第一批国家级重点文物保护单位，并逐年维修整理，供国内外游人参观游览，起到了爱国主义教育的作用。

20世纪六七十年代，长城遭受严重破坏。一些文物保护专家痛心疾首，强烈呼吁。这种状况得到党中央重视，李先念同志批示："长城不能毁"。国务院组织人员开始调查长城状况，纠正破坏长城的做法。

20世纪80年代，迎来了长城保护的春天。1984年7月5日，《北京晚报》头版头条刊登"北京晚报、八达岭特区办事处等联合举办'爱我中华、修我长城'社会赞助活动"的消息，7月6日和9月1日，习仲勋和邓小平同志先后题字"爱我中华、修我长城"。7月，《北京晚报》《北京日报》《经济日报》等新闻媒体发起"爱我中华、修我长城"的社会募捐活动。活动原本计划筹集15万元人民币用于长城的部分维护，然而在不到三个月的时间里，收到的捐款超过了200万元，大大超过了预期，使修复长城的社会赞助活动进入了高潮，在全球华人界掀起了保护长城、宣传长城的文化热潮，也拉开了20世纪80年代修复长城的序幕。1987年6月，习仲勋同志倡导发起创办中国长城学会，并担任第一任名誉会长。八达岭长城、慕田峪长城等著名长城景点的修复都由此获益。

1984年，北京市人民政府将长城北京段整体公布为市级文物保护单位。1985年12月12日，我国加入《保护世界文化和自然遗产公约》。1986年开始向联合国教科文组织申报世界遗产项目。1987年12月，长城被列入《世界遗产名录》，从此受到世界瞩目。

2000年以来，北京市人民政府逐年加大对长城的维修保护力度，对长城进行保护抢险加固，大大削减了长期以来存在的严重安全隐患，涌现出了一批以箭扣长城为代表的示范性保护工程。依托箭扣长城修缮工作基础，不断总结经验、实践探索，经国家文物局同意，全国首个"长城保护修复实践基地"在北京市怀柔区雁栖镇西栅子村挂牌成立，成为长城维修保护经验的交流平台。

2003年，北京市人民政府出台《北京市长城保护管理办法》，这是我国出台的第一个关于长城保护的专项规章。它的最大意义是利用法律手段，架构起国内第一道长城"保护网"。从此以后，北京境内的长城将依法得到妥善保护，而对长城的开发利用也将在法律允许的范围内进行，变得更加科学化。2006年12月1日，国务院颁布的《长城保护条例》（以下简称《条例》）正式施行，这是第一次在综合性法规之外为一个单项文化遗产制定的专项法规，开创了文物专项立法的先例。《条例》针对目前我国长城的现状及存在的主要问题，制定了操作性很强的保护管理措施，是长城保护的一个里程碑。根据《条例》中设立长城保护员制度规定，北京市积极推进长城保护员队伍建设。截至2020年上半年，北京长城保护员队伍共476人。长城保护员职责包括巡视、险情监测、环境清理、劝阻游人攀爬野长城等，形成全覆盖、无盲区的长城遗产保护网络。

2006—2012年，为进一步摸清长城家底和保存情况，国家文物局组织长城沿线各地开展了最为全面、系统的长城资源调查和认定工作。长城资源调查制定了统一的调查技术规范，采用遥感影像、地理信息、三维扫描、数字摄影测量等多项现代技术，进行科学精确的长城长度测量，获取了大量的文字、照片、录像以及测绘数据等长城保护第一手资料。随着长城资源调查的展开，长城资源信息也实现了数字化管理，建立了长城资源信息数据库，实现了长城资源的信息共享。

2017 年 9 月，中共中央、国务院批复同意的《北京城市总体规划（2016—2035 年）》的出台，明确指出北京的城市战略定位是全国政治中心、文化中心、国际交往中心、科技创新中心。其中，文化中心建设要充分利用北京文脉底蕴深厚和文化资源集聚的优势，要加强历史文化名城保护，强化首都风范、古都风韵、时代风貌的城市特色，并提出构建四个层次、两大重点区域、三条文化带、九个方面的历史文化名城保护体系。北京市长城文化带横贯北京北部生态涵养区，它以燕山和太行山两大山脉为基底，以潮白河、永定河、温榆河和泃河四大水系为脉络，以长城墙体为主线，呈带状展开。长城文化带作为"一城三带"中的重要分支，成为北京历史文化名城整体价值中的重要组成部分。

　　2017 年 10 月启动的《北京市长城文化带保护发展规划（2018—2035）》（以下简称《规划》）是《北京城市总体规划（2016 年 - 2035 年）》提出的"三条文化带"中"长城文化带"的专项规划，历时一年半编制完成，经北京市政府多轮审议，于 2019 年 4 月正式公布实施，进一步明确了长城文化带的下一步工作要求及规划目标。《规划》按照资源与长城价值的关联程度，首次系统梳理了长城沿线地带的文化资源与自然资源。对 664 处 / 片保护性资源的 2873 处资源点进行价值主题分类，共分为长城遗产、相关文化和生态资源三类。其中，相关文化又分为军防村镇文化、寺观庙宇文化、抗战红色文化、交通驿道文化、陵寝墓葬文化和历史文化景观。在此基础上，回答了什么是长城文化，其价值载体是什么，整体的价值又是什么等关键问题。

　　《规划》对北京长城的价值特征进行了梳理，分别从北京长城在中国长城中的代表性；北京长城特殊的地理环境特征；农耕游牧交错地带自然与人文景观高度统一的特征；北京长城作为完整军事防御体系所反映的中国古代北方边疆防御制度；北京长城在选址布局、建筑材料和建造技术上体现的古人智慧；近代抗日战争期间在北京长城沿线抗击侵华日军进攻激发了中国全民族的爱国主义精神和抵御外敌、视死如归的民族精神6个方面进行了阐述。

《规划》特别对北京长城文化带的价值进行了提炼，归纳为：（1）北京市长城文化带展现出这一地带丰富的文化多样性，反映了这一带状区域与众不同的人文特征，具有凝聚文化、展现文化传承和文化活力的作用，是长城文化的生长点。（2）北京市长城文化带横贯北京北部生态涵养区，长城对这一地理区域的人地关系产生深刻影响，呈现出这一地带无与伦比的自然与人文景观高度统一的特征。（3）北京市长城文化带是北京历史文化名城整体价值中的重要组成部分，是历史文化和自然生态永续利用的代表性地区，对推进北京北部宜居宜业的绿色发展示范区建设，开展历史文化旅游和生态休闲有积极的作用。

《规划》确定北京市长城文化带的空间布局结构为"一线、五片、多点"，以着力改变以往发展模式单一、资源整合不力、经济效益至上、建设投资盲目的现状，构建首都北部长城文化带的整体新格局。

一线：即长城线，是北京长城墙体连续形成的遗存线，是长城军事防御体系的主体，是保护工作实施的主要对象。

五片：即5个核心组团片区，分别为马兰路组团、古北口路组团、黄花路组团、居庸路组团和沿河城组团，总面积约450平方公里，约占北京市长城文化带范围的9%。是未来疏解长城开放景区游客压力的集中展示区。

——马兰路组团位于平谷区，涉及金海湖镇、黄松峪乡。该组团属明代蓟镇马兰路管辖，包括红石门—彰作里、将军关、黄松峪3个以重要关口划分的长城段，长城墙体长度约26公里。

——古北口路组团位于密云区，涉及古北口镇及河北省滦平县巴克什营镇。该组团属明代蓟镇古北口路管辖，包括古北口和司马台两个长城段，长城墙体长度约 27 公里。

——黄花路组团位于怀柔区和延庆区，涉及渤海镇、雁栖镇、四海镇和九渡河镇。属明代昌镇黄花路管辖，涉及慕田峪关，有慕田峪、北京结、响水湖 3 个长城段，长城墙体长度约 30 公里。

——居庸路组团位于延庆区和昌平区，涉及南口镇、八达岭镇。属明代昌镇居庸路管辖，涉及北京长城重要的居庸关关口，包括居庸关和八达岭两个长城段，长城墙体长度约 38 公里。

——沿河城组团位于门头沟区，涉及斋堂镇。属明代真保镇管辖。突出代表是连续多座的沿字号敌台、沿河城城堡等遗存。

多点：是长城沿线卫城、所城等指挥中枢及关口、城堡、堡寨延续至今的村镇，是人群集中生活生产、最具"烟火"气的传统聚落，是长城文化及相关文化传承、发展的主要载体，共 91 个点。

同时，国家还大力推动长城国家文化公园建设。建设长城国家文化公园，是深入贯彻落实习近平总书记系列重要指示精神的重大举措，是国家重大文化工程。对于北京市推进全国文化中心建设意义重大，有利于实现北京长城保护利用及文旅融合高质量发展。

2019 年 7 月，中央全面深化改革委员会第九次会议审议通过《长城、大运河、长征国家文化公园建设方案》（以下简称《建设方案》），12 月，中共中央办公厅、国务院办公厅印发《建设方案》，要求相关省份要对辖区内文物和文化资源进行系统摸底，编制分省建设保护规划。2020 年 2 月，北京市启动《长城国家文化公园（北京段）建设保护规划》（以下简称《建设保护规划》）编制工作。2021 年 2 月，北京市推进全国文化中心建设领导小组办公室召开专题会，审议通过了《建设保护规划》送审稿。8 月，北京市推进全国文化中心建

北京居庸关长城景观

设领导小组专题审议通过《建设保护规划》及实施方案，市委主要领导对长城国家文化公园(北京段)建设明确提出了工作要求。11月，经国家文化公园建设工作领导小组批准，同意印发长城国家文化公园建设保护分省规划。

《建设保护规划》包含总则、资源构成与价值阐释、规划原则与管控要求、规划布局与实施目标等共计8章41节内容，突出价值延续、创新驱动、整体发展、统筹协调四方面原则，提出了"中国长城国家文化公园建设保护的先行区"和"服务首都及国家对外开放的文化金名片"两个形象定位，凸显北京长城在中国长城中的代表意义，向国际展现大国形象、首都风采。《建设保护规划》有效衔接《北京城市总体规划（2016年—2035年）》和长城沿线六区分区规划（国土空间规划），充分吸收《北京市长城文化带保护发展规划（2018—2035年）》总体布局和管控要求，明确了"漫步长城史卷的历史文化景观示范区"和"文化、生态、生活共融发展的典范区"的建设保护目标，提升社会和当地人民生活品质，增进民生福祉，助力地方文化与经济发展。同时根据长城所在区各类文化和旅游资源、山脉沟域环境、公共服务配套设施、村镇资源条件等资源禀赋和保护发展要求，确定了"一线、五片、多点"的整体空间布局。科学谋划布局管控保护、主题展示、文旅融合、传统利用四类主体功能区，巩固和发扬多年来北京长城建设保护成果，为长城国家文化公园建设提供有益的样板经验。后续将通过保护线，整合区，做亮点，展现北京长城历史文化景观，弘扬当代中华文化强国精神。

为推动《建设保护规划》落实落地，北京市同时配套公布了《长城国家文化公园（北京段）建设实施方案》，围绕保护传承、研究发掘、环境配套、文旅融合、数字再现五大工程，提出国家级标志性项目、市级标志性项目及其他项目共三级24项工作任务。重点实施中国长城博物馆改造提升工程、箭扣长城修缮项目、北京长城文化系列节庆活动3项国家级标志性项目,以及"京畿长城"国家风景道、八达岭长城世界遗产核心展示区、慕田峪——箭扣长城文旅融合区、古北口——司马台长城文旅融合区、"长城人家""长城村落"文旅联盟、"八达岭长城传说"非物质文化遗产研究中心、北京长城国家文化公园专题纪录片7项市级标志性项目,其他项目14项。通过打造集中展示长城历史文化的国家一级博物馆、国家级长城修缮技艺传承保护研究中心、国家级长城文化品牌,形成具有国家标识意义的世界级文旅融合区,以遗产保护促进区域发展,助推全国文化中心建设。

在《长城国家文化公园建设保护规划》的指导下,长城国家公园必将成为弘扬民族精神、传承中华文明的重要标志,长城蕴含的历史和现实意义也将发挥更大的教育作用。

在中华文明发展过程中长城具有不可替代性的作用,今天,在中国社会发展和中华民族伟大复兴的道路上,长城所承载的文化精神依然具有独特的地位。弘扬长城的文化和精神,就是要弘扬长城所体现的中华民族精神追求与文化特质。长城的价值是丰富的,不同的时代赋予长城不同的价值。它不仅仅是让世界叹为观止的文物古迹,而且逐渐演变成中华民族的精神象征,更是传承与弘扬中华文化的重要载体。从这个意义上说,北京市建设长城文化带,体现了大历史观,就是要通过挖掘长城的文化内涵,把握长城的精神脉络,结合时代要求传承创新,利用长城对外展示国家形象、对内增强文化自信的优势,在全国文化中心建设中发挥作用。

长城是全人类共同的财富,对它进行保护使之能够代代相传、永续利用是我们每一个人应该承担的历史责任。《图说北京长城文化带》是我们为积极参与北京长城文化带建设而作出的一点点努力,饱含了我们对绵延几千年的长城文化精神的尊重与敬仰，呈现了我们对实现中华民族伟大复兴梦的思考与担当。希望通过这本图文并茂的读物，使读者了解长城的历史渊源、发展脉络、基本走向，了解长城的独特创造、价值理念、鲜明特色，从而汲取长城文化的精华与精髓，挖掘长城文化的时代价值，使长城文化成为涵养和增强文化自信的重要源泉，更加积极地投入到北京长城文化带建设中。

邓小平、习仲勋题词"爱我中华、修我长城"（位于北京八达岭长城关城北兵营登长城入口处）。

北方石长城

马兰路

◇ 马兰路长城示意图

四座楼山

将军关

将军石

黄松峪

红石门

上宅

金海湖

平谷县城

马兰路组团位于平谷区，涉及金海湖镇、黄松峪乡。该组团属明代蓟镇马兰路管辖，包括红石门—彰作里、将军关、黄松峪3个以重要关口划分的长城段，长城墙体长度约26公里。

北京平谷地处燕山南麓与华北平原北端的相交地带，历史悠久，文化底蕴深厚。平谷境内的长城依托地势地貌特点，大体走向为：向西过海拔523米山峰至彰作里关，转北经中心村西侧过栅栏峪、柴木峪，继续向北2000米处折西至将军关。由将军关继续向西，转南又转西至黄松峪关。再向西经楼南沟后行约3500米，转北经龙潭东沟，过海拔701米山峰、783.3米山峰，经河口转东上四座楼山。过四座楼山后，经张家台至黄门子，西出平谷入密云界。

在国家文物局认定的长城资源中，平谷区内分布有北齐和明代两个历史时期的长城。长城墙体有124段，其中，北齐长城1段，明代长城123段，总长度约50公里，约占北京长城总长度的10%。形制上，平谷长城除城墙外，部分地段以险为障，以崖代墙。城墙皆以当地山石垒筑而成，是独具风韵的"石长城"。平谷区的北齐长城位于明代长城内侧，全部为石材干垒。明代长城墙体中约3.3公里为石材砌筑，其他约1.8公里为山险（指在地势险要之处，与墙体共同构成防御体系的山体、河流、沟壑等自然地物），另有少量的砖长城和山险墙，山险占平谷区长城墙体总量的34%。石、砖、山险、山险墙等多种建造方式，体现了古代防御工事与自然地形地貌的巧妙结合，山险为障，以崖为墙，呈现了长城营建的基本理念：就地取材、用险制塞，以及长城修筑的智慧。

京津冀三地的首哨就在平谷，平谷也是明长城进入北京的最东端，分布于东北部的燕山山脉，东起天津蓟州区、河北省兴隆县和北京市平谷区三省市交界处最高峰大松木顶，北至兴隆、密云和平谷交界处的北水峪挂弓岭。全线墙体大部分为石结构，又称"北方石长城"，为东南至西北走向，共跨越金海湖镇、黄松峪乡、南独乐河镇、山东庄镇、熊儿寨乡和镇罗营镇 6 个乡镇 19 个自然村。明代万里长城进入北京段东端现存的第一座重要关口——将军关，就位于平谷区将军关村北，东与天津蓟州区接壤，北与河北兴隆县毗邻。国务院 1996 年所立的三界碑（天津界、河北界、北京界）就位于平谷区红石门段长城的第 1 座敌台上，此敌台也是北京市明长城中的第 1 座敌台。在沿途两山之间分别建有敌台百余座，彰作里关、将军关、黄松峪关、南水峪关、北水峪关 5 座关隘，当年由重兵把守。在关口附近，设有将军石营（东上营）等 10 座营寨，用于补充兵力。还设有敌台 107 座，烽火台 6 座、马面 18 座。

马兰路长城保留了原始古朴而又宏伟壮阔的风貌，在北京境内的长城文化中极具特色，是客观可感、内涵深厚的文化资源和财富，具有弥足珍贵的历史和文化价值，已成为燕山龙脊上一道亮丽风景。

红石门段长城位于京东平谷区金海湖镇，具有独特的地理位置、连绵起伏的山势和绮丽秀美的风光。红石门段长城是平谷境内的第一段长城，也是明代长城进入北京境内的起点，东起北京市平谷区和天津蓟州区、河北省兴隆县三省市交界处最高峰大松木顶，西至彰作里关关口，为东南至西北走向。因红石门长城的一段墙体横跨京津冀，即位于北京、天津、河北三省市交界，故称"一脚踏三省"。

红石门段长城主要有两个特点：一是国务院1996年所立的三界碑（北京界、天津界、河北界），有"一脚踏三省"之称，其特殊的地理位置，确定了在全国明代长城中的唯一性；二是该段长城为石长城，墙体以山石垒筑，就地取材，保存了长城修建最初时的原始风貌，具有弥足珍贵的历史和文化价值。

与黄崖关、八达岭、司马台、金山岭的砖砌长城相比较，红石门长城的风格迥然不同，墙体大部分由石块干垒而成，在一些险要地段，则以险为障，以崖代墙，除主城墙外，有敌楼、垛口、烟墩、挡马墙、马道等完整的防御体系，还有内外边墙的设置。长城的高度和宽度，有明显的随山就势特点，墙体的外侧多见坝沿儿。除敌台处用条石作基础外，其余皆就地取材，毛石垒筑而成，不加任何修饰，给人以粗犷豪放的自然之美。这种建筑形态被古建学家称为"干碴边"。在建筑结构上，敌台、垛口、墙体等均呈梯形结构，上小下大，收分明显，这是古代建筑者从长城稳定性和坚固性的角度考虑的。红石门长城上的敌楼均以石砌筑，是实心敌台，多为6—10米见方、2—3米高，建于城墙上，有登台踏道，外侧砌有垛口，在外敌逼近城墙时方便御敌。

北京
1|2|3|
国务院
1996年

北京

平谷区红石门村
大松木顶三省界
碑二〇〇九年建平

◇ 三界碑

　　坐落北京平谷、天津蓟州区和河北兴隆三省市交界处的最高峰——大松木顶的敌台上，此敌台是平谷明长城 107 座敌台中的第 1 号。界碑是水泥塑成的三棱体，高约 120 厘米。三棱体的立面上，每一面都有碑文，分别写有"北京""天津""河北"字样，其下分别写着"111213 Ⅰ / 国务院 /1996 年"字样。三棱体的界碑坐落在敌台上一片圆形的水泥地面上，每条棱分别由碎石为线把地面分为三个扇面，每一面上分别用河光石镶嵌有"北京""天津""河北"字样，与三棱体碑面一一对应，以此为分界，向西延绵近 10 公里的长城墙体是北京市与河北省的省界线，长城向东是河北省与天津市的省界线。

　　平谷是京津冀协同发展的桥头堡，红石门长城作为北京境内明长城的起点和京津冀三省市交界处这一特殊地理位置，三界碑"一脚踏三省"的特色形象，将以其独具的魅力，在承担弘扬北京长城历史文化，展现京津冀文化协同发展的同时，见证三省市人民续写震铄古今的新华章。

◇ 将军关关城与将军石

将军关关城与将军石位于金海湖镇将军关村，西邻胡陡路，是明代长城进入北京东端的第一座重要关口，也是目前平谷区保存状况最好的关城。其东与天津蓟州区接壤，北与河北兴隆毗邻。将军关关城建于明永乐年间（1403—1424年），历史上为咽喉要道，是兵家必争之地。将军关大部分建筑已毁，现仅存关城东侧敌台遗址。关城两侧连接的长城是平谷区唯一一处以砖作为墙体建筑材料的长城段。

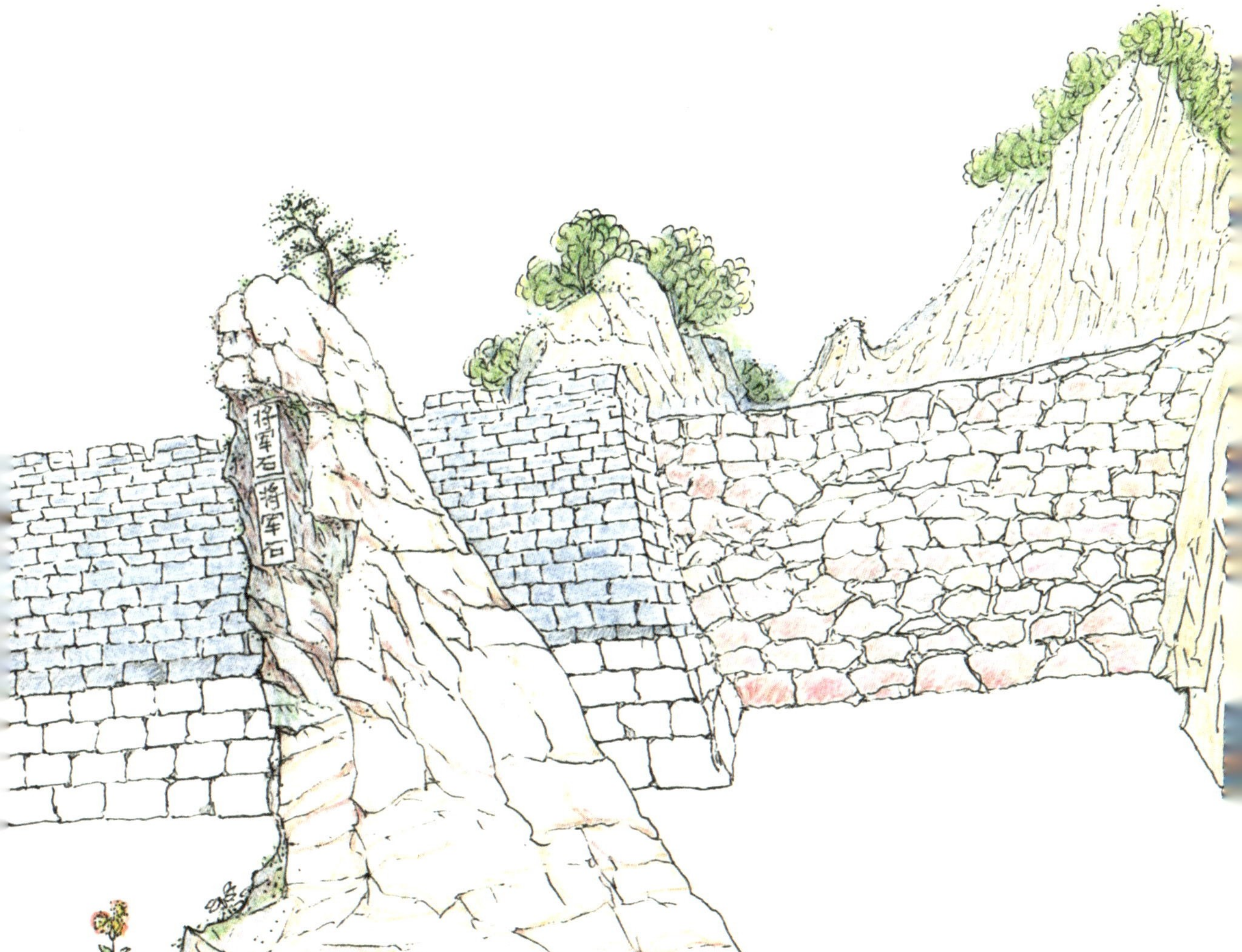
将军石
将军石

◇ 将军关城台遗址（砖石垒砌结构）

关城两侧连接的长城是平谷区唯一一处以砖作为墙体建筑材料的长城段。

◇ 将军关关城遗址（下图）
◇ 将军关长城墙体用大石块垒砌的遗迹

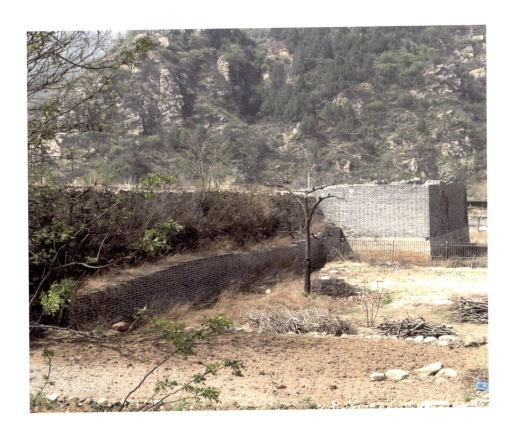

将军关

将军关又称将军石关，是明代万里长城进入北京段东端第一座重要关口，也是平谷区保存状况最好的关城。历史上为咽喉要道，兵家必争之地。该关位于平谷区东北部的高山峡谷中，关口之外便是河北省承德市兴隆县陡子峪乡，关城之内是北京市平谷区金海湖镇将军关村。

将军关始建于1403年，1569年又经蓟州总兵戚继光重修。修有正关水口，关左右各建墩堡一座，驻军戍守。长城在正关向东顺山坡而上，至山脊再向南折，接彰作里关。正关向西则山势陡峭，多利用山险，西南接黑水峪寨，继续向西北为黄松峪关。正关原为三层楼，内墙有券门可上下出入，门南为演武场，现存水关东侧一座敌楼台基和一段城垣。券门南侧有一高10余米的柱状自然竖石，相传石上原镶有"将军石"的匾额，并署有年号"将军石"，南侧的一通仿古石碑，上书"将军石关"四个大字。《三镇边务总要》记载："将军石关，正关水口，城下内外敞边及大段头山、小段头山墩空，极冲"。该处关口西是断崖，断崖下将军石河穿流，地势平坦。将军关集山险、水关、路关、墙体、城堡于一体，构成了独特的布局特点，巨大的自然石"将军石"更是增加了古关口古朴雄浑的气势。

2001年7月，将军关段明长城及石关遗址已被列为市级文物保护单位。北京申奥成功后，将军关城垣遗址及长城城墙修缮工程被列入北京市"人文奥运文物保护计划"，并于2003年初正式动工，将军关城垣遗址及东侧500米长城墙体开始进行修缮，至2004年完工。修缮施工中，曾清理出石雷、铁炮、炮弹、铁镐、铁箭头以及明崇祯七年（1634年）分修边墙城志等重要文物。2020年11月26日，将军关长城列入国家文物局颁布的第一批国家级长城重要点段名单。在平谷区博物馆，一座模拟的将军石关城依山就势、气势恢宏，关城的壮美和地势的利用相得益彰，处处显示着它曾经的气魄与辉煌。

黄松峪

黄松峪长城是平谷明长城5个重要关口之一，旧称黄松峪关。据《四镇三关志》记载"黄松峪关，永乐年建"，修建黄松峪水库时被拆毁，原址现为水库大坝。

黄松峪关当年很壮观，《光绪顺天府志》地理志中记载有："黄松峪关正关水口城下、内外平漫、通人马、极冲。"黄松峪关城是一个完整的作战体系，它由关城、城堡及关城两边的长城等构成。关城高两丈，长约十五丈，顶部宽近一丈。关城的外侧有一条又深又宽的护城壕。城墙上留有东西两个门洞。东侧的门洞是陆路，通行人马车辆；西侧的门洞只流水不走人。东侧的门洞设置吊桥。关城上面建有高大的城楼，城楼两侧留有堞口，军士可以从堞口向外瞭望、射箭，击退敌人的进攻。

关城的两端和城墙相连。城墙上有作战用的战台，战台与战台之间是台阶式通道。关城东面的长城向东延伸，到红石山脚下向山顶攀伏而上，山顶筑有一座烽火台。从烽火台继续向东，直到出黄松峪地界。

关城西侧山顶的平缓处是一座军士居住的寨子，叫西河寨。西河寨旁设有敌楼，用于观察敌情。长城再从西河寨向山下延伸。在黄松峪关城的东南面，是驻扎守关将士的城堡。城堡南北长约500米，东西宽约350米。城墙用石头垒成。城堡设南北两座城门，城门用砖砌成。城内有寺庙、驻军营房、校场。黄松峪关城位置重要，据考证，城内设总兵衙门，有副总兵等高级将领把守，城中有钟鼓楼两座。守军配备铜炮（铜炮现展览于平谷博物馆）。由于历史的原因，今天已经难见黄松峪关城的雄姿，但其文化价值传承至今，边墙内外，同为一体，多民族之间，也早已千年干戈化玉帛。

长城边寨

长城作为系统的军事防御体系，不仅包括墙体、敌楼、烽火台等军事设施，沿线还设有关口、城堡或营地（寨）。即以长城为体、周围卫戍官兵，形成"五里一墩、十里一堡"的综合防御工事，与长城构成犄角之势，战时互相支援。

马兰路长城沿线设有彰作里关、将军关、黄松峪关、南水峪关和北水峪关 5 座关口，有东上营、黑水湾寨、北寨、峨嵋山营、鱼子山寨、熊儿营、熊儿寨、镇罗营（分上营、下营、上关）等城堡（营寨）。

而今，除遗留的长城墙体、敌台等设施供人们追怀凭吊，很多关隘、营寨多已无存，但其名字或作为地名或作为乡村名保存了下来。如彰作、将军关、黄松峪、北水峪、镇罗营、黑水湾、熊儿寨等，至今还在使用，从而构成了长城沿线独特的堡寨类历史文化村落，也成为该地区人文地理特征的重要载体。

据统计，平谷有 32 个行政村曾是驻军要地。马兰路长城脚下的村落按其承袭的军事工事类型可分为关城类、营寨类。关城类村落多位于重要关隘处，如金海湖镇的将军关村、彰作村，镇罗营镇的北水峪村等；营寨类村落城堡周长通常为 1000—2000 米，城外一般有校军场和屯田。如金海湖镇的东上营村、中心村、黑水湾村，南独乐河镇的峨嵋山村、北寨村，山东庄镇的鱼子山村，王辛庄镇的熊耳营村、北上营村，镇罗营镇的上营村、下营村等。自清代开始，这些堡寨由原先的屯兵场所逐渐转化为屯田的乡村聚落。

平谷三面环山，长城沿山脊而筑，关口和营寨在长城不远处，以山为障，与水相依。因此这些与长城有关的村落多处于边远之地，较多地保留住了当年作为城堡时的一些特质，如丁字街、残垣、断墙、古树、古井、老民居等。这些村落因与长城相衬、与自然山水契合，更具田园特性和边塞气魄，拥有原始生态、壮美景色和淳朴民风，焕发出光彩和魅力。

四座楼

马兰路长城以北的四座楼长城也小有名气，是平谷境内长城的制高点，海拔 1062 米。四座楼长城得名于四座距离相近的砖砌敌台（现存三座）。该敌台建于明代隆庆三年（1569 年）至万历元年（1573 年）之间，据《平谷县地名志》载：四座敌楼排列有序，建筑形制相同，均为三眼两层正方体，楼市顶建有铺房。楼基每边长 12 米，楼顶每边长 11 米，楼高 11 米。砖石结构，条石筑基，砖砌墙壁，下层楼内为三拱券室，壁开箭窗，作为守城士兵住所和储备粮柴军需之处，上层楼顶四周砖砌齿状垛口，作为瞭望敌情和射击的掩体，上下层中间有阶梯上下。四座敌楼一字排开，雄踞山顶，居高临下，易守难攻。四座敌楼现仅存三座，保存状况较好。

2007年8月，作为北京市"人文奥运"文物保护计划修缮项目，三座敌楼和残存长城墙体开始进行修缮，山顶立有《重修四座楼长城碑记》。在长城四座楼修缮工程中，发现明代兵器和明代工具，这为研究明代兵器的种类，以及当时四座楼在长城防御体系中重要的军事地位提供了实物资料。

京师锁钥
古北口路

将军楼

古北口

蟠龙山

杨令公祠

药王庙

卧虎山

望京楼

司马台长城

古北水镇

古北口路组团位于密云区，涉及古北口镇及河北省滦平县巴克什营镇。该组团属明代蓟镇古北口路管辖，包括古北口和司马台两个长城段，长城墙体长度约 27 公里。

◇ 古北口关城遗址 城墙断口处建筑结构清晰可见，中间用碎砖垒砌。

古北口路长城由平谷区进入，东南起大城子镇，最后西出田各庄镇进入怀柔界，成几字形共穿越了密云17个镇中的11个镇、57个行政村。在国家文物局认定的长城资源中，密云区长城墙体共计147段（其中北齐长城3段），总长度182余公里，约占北京长城总长度的35%。古北口路长城60%左右均为石砌，或城砖包砌，几乎不见夯土城墙。敌台有600余座，约80%是城砖砌筑。具有建造坚固、等级高、敌台极为密集的突出特点。古北口路明长城由蟠龙山长城、卧虎山长城、金山岭长城和司马台长城4个长城段组成，其里程之长、敌楼之密集、城堡营寨之多、军事功能之完备，在长城北京段中有着重要地位，是中国明代长城最具代表性的精华段之一，也被誉为最有文化的长城段。1980年年底，中国旅游总局、文化部、文物局共同组织的长城调查发现，自古北口至望京楼段明长城，建造得坚固、优美，因此称其为"中国的第二个八达岭"和"中国长城之最"。

古北口长城位于密云区古北口镇，因关西南有卧虎山，故原名虎北口，在唐代是幽州之北重要的长城关口，始称古北口。古北口背依蟠龙、卧虎二山，南接青灯、叠翠二岭，潮河由北向南穿关而过，是燕山山脉各隘口中地势较为险要的一个，自古即为华北平原通往东北平原、蒙古高原的咽喉要塞。1987年，古北口长城作为中国唯一一段最完整保留了明代原貌的长城，被联合国教科文组织评定为"原始长城"。

古北口镇城位于古北口镇古北口村，是密云区自明朝起设置的三个战略重镇中唯一一处保存有较多遗迹的，而其余的石匣城、密云城已不存在。由于其地处边关要塞，其战略功能居三镇城之首。镇城建于明洪武十一年（1378年），1933年侵华日军占领古北口后，将北门拆毁。2012年修复了镇城北门。镇城随山而建，呈不规则形，周长3245.1米，设东、南、北三门，

◇ 古北口北齐残长城

◇ 古北口明残长城

现仅存北门和水关一座。墙体用条石、毛石及城砖垒砌，中间为毛石夯土填芯。

古北口瓮城位于古北口镇古北口村与河北省的交界处，是古北口关的主要防御设施之一，可加强关隘的防守。其依附于古北口关，与长城连为一体。当来军进入瓮城时，将主城门和瓮城门关闭，守军即可形成合围之势，现墙体也保存较好。该瓮城建于明代，隶属蓟镇总督管辖，属于蓟镇西协古北口路，明代抗倭名将戚继光在此督建。瓮城平面呈三角形，周长238.2米，设在通往东北的重要关口"铁门关"上，也称"铁门关瓮城"。墙体用城砖和毛石混合建造，设有两门。原古北口营城筑在潮河东岸的南北两山之间，北面城墙顺山就势利用北齐长城修建，建城门时，把城洞和两侧的城墙拆掉，凿下山岭十几丈，成为一个山口，即为北城门。

古北口自古以来就是北方平原乃至东北各民族之间团结、联系的通道，自宋景德元年（1004年）宋辽订立"澶渊之盟"停战和好以后，双方经常互派使节。辽在其南京、中京和上京之间设有驿站，古北口驿路成为宋使由辽南京北上中京、上京最常走的路。关外设有驿站，古北口成为南边货物交流、繁荣内外经济、互相传播传统文化的纽带。北京市政府于2001年8月修缮密云境内长城（含望京楼、古北口城关、鹿皮关等处），并于2002年11月竣工。2003年，密云县政府加固古北口长城2000米。2006年5月，密云县启动古北口长城修复工程，修复项目包括水关长城、蟠龙山长城、卧虎山长城和古镇历史文化景观四项修复工程。此外，古北口镇政府还成立了长城保护领导小组，镇长任组长，聘请县文管所所长任顾问，专门制定了《古北口长城保护办法》。古北口长城历史保护景区现已对外开放，是一个以古镇为核心，包括长城、自然风景区、历史古迹、人文景观、军阵文化的独特自然景区。

◇ 密云明长城砖窑遗址

现存烧砖窑遗址，里面存有大量未烧制完成的青砖，印证长城修复材料因地制宜，烧制就近的原则。

◇ 药王庙

药王庙建于明洪武十一年（1378年），殿内主供药王孙思邈。传说元末明初连年战争，病患众多，朱元璋请孙思邈为百姓治病，药王在治病之余医好一只咳嗽的老虎（民间称「嘿儿喽爷」），自此百兽之王成为药王爷的亲随，于是民众踊跃集资，修建此庙以示敬仰。

◇ 杨令公祠

　　杨令公庙原名——杨令公祠，建于辽太平五年（1025年），历经5次重修。当时的古北口归属辽国辖地，辽人因敬仰宋将杨业保家卫国的忠勇精神而修建此祠。宋使苏辙、欧阳修等人出使辽国时，途经此地有感，均留有诗篇。

◇ 古北口镇北城门

原古北口营城筑在潮河东岸的南北两山之间，北面城墙顺山就势利用北齐长城修建，建城门时，把城洞和两侧的长城拆掉，凿下山岭十几丈，成为一个山口，即为北城门。

司马台

司马台长城位于古北口镇司马台村北山上，始建于明代成化年间（1465—1487年），历经嘉靖、隆庆至万历八年（1580年）基本修建完成，属蓟镇西协古北口路长城防御体系。此段长城东起望京楼，西至后川口，以司马台水库为界分为东西两段：东段有敌台16座，西段有敌台18座。此段长城建筑形式多样，有单边墙、双边墙、障墙、天梯、登城步道、便门、关门和水关。敌台有一窗、两窗、三窗和四窗，敌台顶有木构顶，拱形顶，穹窿顶，藻井顶，并建有独具特色的麒麟影壁和海拔900多米山上的望京楼，是现代唯一一段保留明长城原貌的古长城。

司马台长城构思精巧，设计奇特，结构新颖，造型各异，集万里长城众多特色于一身，为民族英雄戚继光在此督建时独创。这一带山势陡峭，地势险峻，所以工程相当浩繁。由于其特殊的地形条件和工匠们的创造性劳动，司马台长城随着刀锋般的山脊一路奔驰，宽的地方可以走马，窄的地方只容一人通过，隆起时似虎啸原野，蹲伏时如潜龙在渊，非常有气势。更有看头的是一座座大小不同、形态各异的敌楼，因地制宜地建立在各个制高点上，威风凛凛，冷峻挺拔。敌楼的观察口有三眼、四眼之分，视野开阔。长城墙体极厚，外观朴实无华，但每个不借助一钉一木的砖藻顶却不同寻常，有方、有圆、有六角形等，靠每块砖的紧密相咬，体现了高超的建筑力学与深厚的建筑美学。

与八达岭长城相比，司马台长城的整体起伏更大，既有人所常见的城墙类型，也有适应悬崖峭壁随山势而建的半边墙类型；既有随缓坡而舒展的马道，也有陡坡上以大阶梯叠进的"天梯"，从一座敌楼走到另一座敌楼，往往要经过很长的落差，攀爬起来相当吃力。这样的走势，在万里长城之中是十分罕见的。特别是天梯和天桥两段，更是险中之险。天梯是单

面墙体，长约 50 米，坡陡、墙窄，呈直梯状沿山脊上升，两侧是百丈深渊。百级天梯东面是天桥，长虽 100 米，但宽却仅 30 厘米，两侧是悬崖峭壁，俯首下望，令人目眩心悬，胆战心惊，真可谓"过桥难，难于上青天"。

司马台长城敌楼密集，城墙建筑奇特多样。司马台敌楼按照望孔可分为单眼楼、双眼楼、三眼楼、四眼楼、五眼楼，同时按照外形可分为方形楼、扁形楼、梯形楼、转角楼，每座敌台都有射击孔、瞭望口、吐水槽、司马台段均是空心敌楼。

司马台长城东端的敌楼，就是著名的望京楼。望京楼修建于一座拔地而起的山峰顶端，是司马台长城的制高点，海拔 986 米，为空心砖眼楼，两层砖石结构。这里视野开阔，隐约可见北京城轮廓，故称望京楼。在望京楼西有座仙女楼，是诸多敌楼中建造得最精美的一座。它掩映在老虎山山腰的花丛中，下部条石合缝，上部磨砖达顶，内部有青砖砌成的两道大拱、三条甬道、十个券门。顶部正中心砌成蛛网状八角藻井，四边砌四个砖柱。楼门石柱上还雕刻着两朵并蒂花捧着一个仙桃。

司马台长城精华之处除了具有"险、密、奇、巧、全"五大特点外，还以集长城文化之大观闻名于世。

司马台长城文字砖分布在长城东西段，东三楼一带"万历六年石塘路造"，东五楼"万历五年宁夏营造"，东十楼"河大营"，东十四楼"万历五年山东佐左营造"，西段长城"万历六年镇虏骑兵营""万历六年振武营右造"，文字砖呈现形式有阳文、阴文、正文、反文，楷书、隶书、宋书、行书。司马台长城文字砖文字前部分叙述制造年代，后半部分是制造砖的窑址，是为了方便准确地考核将士们烧砖和修边的质量办法之一，以明确责任，做到质量跟踪。

司马台长城东段四楼单边墙处有现存于世的箭口砖，其射箭孔内口上沿盖砖长 57 公分，是这段长城上现存最大尺寸的砖。

垛口砖位于东段长城二至三楼外墙垛口，垛口封顶砖上面有小洞用于

◇ 带有印记的司马台长城城砖

城砖上文字前部分叙述制造年代，后半部分是制造砖的窑址，是为了方便准确地考核将士们烧砖和修边的质量办法之一，以明确责任，做到质量跟踪。

架设稳定火铳铳身。明代时期从外国引进一种叫作佛郎机的火铳，后经模仿制造多个火铳，有一定的军事作用。

稻米舀位于东五楼西南楼脚，岩石直径35厘米，深度30厘米，石舀是舂碓用具，是戍边战士们必用之物，时隔500年依然内部光滑。

这些都为研究明代长城提供了价值很高的实物资料。更值得一提的是，在司马台长城西13号敌台二层南垛墙的中间有一座麒麟影壁。影壁通高199厘米、宽两2米多一点。影壁下部是几层砖砌成的须弥座，上部盖以瓦顶，两侧是圆柱形的砖框，中心便是砖雕麒麟图。图由15块方砖组成，横5竖3，一尊硕大的麒麟占据了其中大部分面积。这幅长城影壁上的砖雕麒麟是奔跃的形象，四蹄生风、八面威风，是明代典型的民间风格。司马台长城麒麟影壁，在蜿蜒于华夏大地的万里长城上，只此一处，具有极高的文物价值和珍贵的艺术价值。它寓意着希望麒麟降福，并赐予守城将士威武雄壮的气势与力量，能够保卫一方平安，让长城内一片和平景象，不受外敌干扰。

1986年2月经北京市政府报请，国务院同意将司马台长城作为全国首例选定的明长城历史风貌旅游保护开发段立项。1987年，司马台长城被列入世界遗产名录，被联合国教科文组织确定为"原始长城"。中国著名长城专家罗哲文教授评价其为"中国长城是世界之最，而司马台长城又堪称中国长城之最"。1987年5月1日，经国务院批准司马台长城历史风貌修建正式开工，1989年北京市文物局对其验收合格，随后正式对游客开放。2001年司马台长城被定为国家级文物保护单位。2012年，司马台长城被英国泰晤士报评为"全球不容错过的25处风景之首"。

◇ 金山岭

金山岭长城位于河北省承德市滦平县境内，距北京130公里、承德80公里、木兰围场坝上草原280公里。系明朝民族英雄戚继光担任蓟镇

◇ 金山岭长城远眺
空心敌台高低大小不等，各个敌台之间既可以独立作战，也可以互为掎角，互相救应。金山岭长城沿线共筑有不同形式的敌台67座，间距从47米到200米不等，密集程度十分罕见。

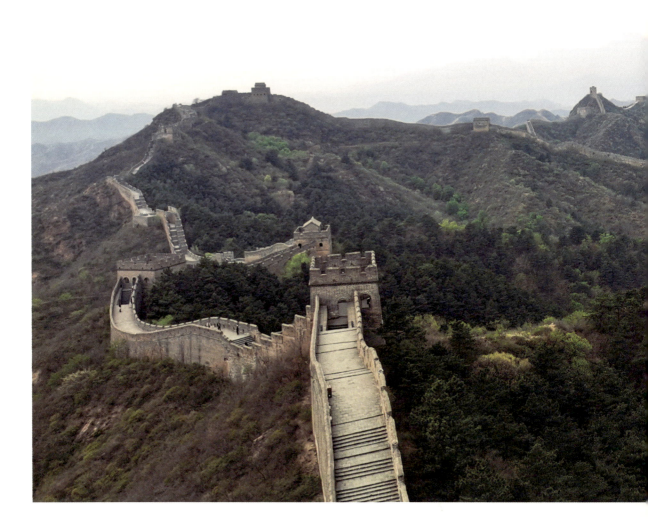

◇金山岭长城窑沟楼

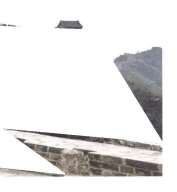

◇ 金山岭长城窑沟楼

◇ 金山岭长城

总兵官时期（1569—1582 年）主持修筑，是万里长城的精华地段。金山岭长城西起龙峪口，东至望京楼，全长 10.5 公里，沿线设有大小关隘 9 处，敌楼 67 座，烽燧 3 座。具有视野开阔、敌楼密集、景观奇特、建筑艺术精美、军事防御体系健全等特点。挡马墙、障墙、麒麟影壁墙、文字砖墙、将军楼防御体系等在万里长城中绝无仅有，堪称万里长城的巅峰之作，素有"万里长城金山独秀"之美誉。金山岭长城于 1982 年被批准为国家级风景名胜区，1987 年被列入世界文化遗产，1988 年被公布为全国重点文物保护单位。

大金山楼坐落于大金山之上，小金山楼坐落于小金山之上。大小金山楼均为砖拱结构，分为上下两层，由砖制梯道连接。一楼为拱券结构，二楼铺房为砖仿木结构，仿木砖磨制的檐、檩、枋等建筑构件精巧别致，惟妙惟肖，突显其高超的建筑艺术，同时也能够避免火灾发生。1985 年对小金山楼铺房的部分构件按原形制进行了修缮，与大金山楼并肩而立，是金山岭长城的姊妹楼。登上此楼，气势恢宏，视野开阔，敌楼密集，是拍摄日出日落和金山云海的绝佳之地，为最佳摄影点。

◇ 古北口路长城单边长城示意图

城墙分为单边墙、双边墙、障墙

◇ 古北口路长城障墙示意图

司马台长城在建筑结构上还有一个独特的地方，就是由司马台关向东至望京楼段城墙之上，在城墙通道上砌有一道短墙。这种短墙叫作障墙，高约2.5米，有瞭望孔和射击孔。

水关

密云境内长城的大小水关共 45 座，现存较好的有五虎水门关。位于新城子镇花园村村委会大甸子村南 3000 米左右，西南为雾灵山主峰，水关城墙东西走向，水关位于沟底处，东侧山脊较平缓，西侧山势陡峭。此关建于明代，属蓟镇西协曹家路长城防御体系，水关设东西两个关门，东为行人通道，西为泄水闸门，地面 6 路石条顺铺错缝。石条约 60 厘米宽，之间用 30 厘米长、15 厘米宽、束腰 6 厘米的铁扣相连。内外门口及同高度的两侧檐墙和门道壁，均用石条层层铺砌，共 9 层。内外门口的上口是石券脸，各用 9 块券石。门道内顶部为砖券。门道通高 5 米、宽 3.5 米、深 4.65 米。门道两侧道壁中间各设门闩孔，孔径 22 厘米。门道内南三分之一处，两侧道壁竖向，各设提闸板的闸槽，槽宽 25 厘米、深 20 厘米，闸槽至关门顶部为通天槽缝，供闸门升降用。关门顶部闸槽东西两侧各设一辘轳石桩，为闸门的起重设施，石桩高 1.4 米、厚 26 厘米、宽 42 厘米、孔径 20 厘米。东部关门为过人通道，通高 5.2 米、宽 3.9 米、深 4.65 米，该门的结构与西侧关门比，除没有升降闸门设施外，其他完全相同。两道关门内外石券脸顶部的拱石面上各雕一个栩栩如生的虎头，雕石横长 0.67 米、高 0.36 米、厚 0.45 米，共雕 4 个虎头。另外在西侧过水关门内侧 5.9 米的沟底处，还雕一只卧虎，仰视水门券脸。卧虎长 2.2 米、宽 1.5 米、高约 0.6 米，雨季门道出水正喷泻于卧虎头上。因关口共有 5 座虎形石雕，当地人称之为五虎水门关。

五虎守门这种设计建造别致，在我国现存长城建筑中仅此一处。2013 年，国务院将其列为全国重点文物保护单位。

白马关

白马关属石塘路长城段，亦属边城要塞。明永乐年间开始在白马关修建城堡，起初是一座简易小城堡。明嘉靖三十年（1551年）重修城堡，驻提调官守关筑城修边，统领军兵加固边城，加高加厚，设垛口，筑子城墙，建观察楼、防御城等，使边城能攻能守，防战全能。

白马关城堡坐落在密云北部山区的白马川之中，山川长15公里，山峡路窄，山峦起伏，地势险峻，从城堡北去5公里长沟即为白马川。

白马关城堡呈长方形，周长400多米，设一南门，门楼上2米长、1米宽的"白马关堡"石匾至今醒目。城墙由大块山石砌筑，城门洞砖砌，城门由条砖砌成，非常坚固，城门墙上筑有一亭，即守门岗楼。白马川之名源于白马山，明朝时白马山自然形成与蒙古部族的分界线，大山南面为明朝属地，大山北面为蒙古部族地域。明朝政权在白马川的山狭路窄的战略要塞修筑长城关隘，筑起了这座城堡。白马关城堡已大部坍毁，仅部分南墙和砖砌券拱南城门尚较好，门额上有石匾阴刻楷书"白马关堡"。

长城由白马关向西以险为障，只筑有四座空心敌楼，过白马关西行约2000米，长城顺山势南转。由北化石岭村的北山尖上往南有石墙，构筑坚固，保存较好。北化石岭村南长城线上有一石砌围城，虽早已荒芜，但城墙尚好。

在达老峪沟现存一座敌楼位于陡峭的山顶，北可俯视洪桐峪水关北墙，东侧可远望响水峪段长城。据此楼，可监视控制两条山谷，要冲之地，十分险要。远望敌楼，除少量砖体风化酥软外，墙体规整，四角分明，门窗完好无缺损，上部垛口整齐，水嘴犹存，上层建有楼橹（值房、铺房），是北京少见的保存完好的明代长城建筑。

白马关北约5000米处是番字牌村，村子散落在白马川河两岸。村子周围高山峻岭，松柏滴翠，景色清幽。河的南岸是顺河修建的柏油公路。

河与公路之间有一座东西狭长的小孤山，此山东西长不足 30 米，平均高度 5 米左右。然而，就是这座小山上的"天书"，让番字牌村名扬京华。

在小孤山向阳石面上，刻有 33 组文字，当地居民称之为"番字"，又因远看每组字好像一块块石质匾额，所以又称其为"番字牌"。33 组文字，字刻有大有小，大的 40 多厘米，小的也有 10 多厘米，字体排列整齐，行距分明，虽然已年深日久，但字迹却异常清晰，有的似蒙文，有的如满文，而且在字的上端和尾部还刻有类似标点的小符号。这些"番字"像是一件件艺术品，很有欣赏价值。

1987 年，经中国社会科学院民族文字研究所专家辨认和鉴定，"番字天书"石刻文字为梵文、蒙古文、藏文三种文字。每组字的内容均为佛教的"六字真言"，即"唵、嘛、呢、叭、咪、吽"。1983 年，在原番字牌乡医院东山坡上还发现过一块高近 2 米的立石，壁上刻有一个大型字体，字高 1 米有余、宽约 35 厘米，远看像画，近看是若干字拼成的大型组字。经辨认是梵文组合图，即佛教的"十相自在图"。番字牌村出现的石刻与居庸关的石刻在地点上也有相似之处，都出现在驻军的重要关口或交通咽喉之地。这些石刻文字虽然略显粗放、古朴，却印证了北京地区民族迁徙混合的历史，它们是不同文化融合的产物。

◇ 司马台长城坡道

◇ 连绵不断的司马台长城

◇ 司马台长城敌楼与通道

敌楼结构分为砖结构、木质结构、砖木混合结构三种结构，同时又可分为单室、双室、多室，其内部有日字形、田字形、井字形、川字形，顶部有平顶、船篷顶、弓形顶、四角钻天顶、八角藻顶，门窗有砖卷和石卷，石器上还有浮雕。

◇ 司马台长城敌楼

空心敌楼（敌台）是戚继光任蓟镇总兵时创建的，敌台采用砖石结构或砖木结构，多数为上下两层，下层是空心部分，主要用于作战和存放粮草、兵器，其四周分别开设箭窗和券门，一般前后各设三个箭窗，左右各设两个箭窗和一个券门，较大的敌台每面可开设四至六个箭窗不等。上层为台顶，四周围有垛口，中央筑有铺房，供守城士兵遮风避雨用。上下台顶主要利用墙体中仅供一人通行的石砌通道，也有的利用绳梯和木梯。空心敌台高低大小不等，各个敌台之间既可以独立作战，也可以互为掎角，互相救应。

遥桥峪

在密云境内长城内侧沿线建有明代大小各式城堡61座,城堡的形状各异,有正方形、长方形、不规则多边形、前方后圆形等。少数城堡建在平地上,多数建在山上或半山半平地上,还有的城堡的城墙建在四周的山脊上,堡内为沟底。

所有的城堡都由城墙和城门组成。城墙由内檐墙、外檐墙、墙心和墙顶四部分构成。较平缓的城墙顶部都筑马道和垛口墙,有的也筑有宇墙。不管墙体是砖砌还是石砌,顶部马道、垛墙、宇墙等均用砖砌,再由三角形的封顶砖封顶。建在平地的城堡城墙,其墙顶也是水平线,城墙建在较平缓的坡地上,墙顶随山坡形状呈一条起伏的曲线;在坡度陡峻或骤起骤落的地方,墙顶就修成了台阶状叠落式的折线。城堡一般的设1—2门,也有的设3门,个别的设4门(如石塘路城堡)。城门都由基座、门道、顶部望楼和垛口组成。城门基座顶部都建有三间或一间房的望楼或庙宇,四周砌垛口墙和宇墙。因密云境内城堡城门顶部的建筑无一留存,故无法记述。城门内的城墙内檐墙上,贴墙砌有登城步道,有砖砌的,也有石砌的。有的门内两侧都砌有登城步道,大部分只有一侧砌登城步道。密云古城堡保存比较好的有遥桥峪等古堡。

遥桥峪堡位于北京市密云区新城子镇遥桥峪村。据现存于密云区文管所的碑刻记载,遥桥峪堡始建于明洪武年间,当时为兵寨建筑,明万历二十六年至二十七年(1598—1599年)改建为砖石结构。

明代,遥桥峪堡作为蓟镇长城"西协"曹家路下辖的堡城,这里曾建寨设卡,移民屯垦,堡内建有把总署、兵营、马厩、铺房、铁匠炉、磨坊、民房和水井等,驻军300余人,戍守长城墙体约5000米,包括敌台9座、烽火台2座,并负责邻近重要关口的协防任务。清代,长城不再承担军事防御任务,遥桥峪堡从军用转为官用,堡城驻军被裁撤,堡内原有军营、马厩改为民居，铺房和磨坊等因年久失修被拆除。民国初年，把总署曾用于村内办公，后被转卖给个人，拆除后改建为民居。明清时期，由于堡城对面的山名为"遥桥谷"，故遥桥峪堡也被称为"遥桥谷堡"。1999年，在对堡城进行修缮过程中，新安装了以水泥修成的城头匾额，并改"谷"为"古"。

遥桥峪堡平面呈梯形，墙体保存基本完整。南墙长153米，北墙长162米，东墙长121米，西墙长136米。墙体底部宽5.4米，顶宽4米，通高8.5米。

墙体以大块山石、河卵石为基础，上砌虎皮墙，中间以黄土添加碎石夯实。城墙四角各建一角台，角楼现已不存，北墙正中建一马面。堡城城门开于南侧正中位置，底部以4层条石为基，上砌青砖。城门为三券三伏，门宽2.52米。城门上原建有城门楼，现已不存。堡门内西侧建有登城步道，沿36级砖砌台阶可登墙顶。

目前，垛口、女墙仅存堡门之上，为现代修复。经过对《四镇三关志》《宣大山西三镇图说》等文献进行对比研究，推测遥桥峪堡的堡墙当年也可能建有垛口和女墙的，后由于自然和人为等多种原因损毁。

中华人民共和国成立后，党和政府高度重视长城保护工作，保护力度逐步加大。1996年，"遥桥谷堡"被密云区政府公布为县区级文物保护单位；2013年，被国务院公布为全国重点文物保护单位。

危岭雄关
黄花路

◇ 黄花路长城示意图

黑砣山

九眼楼

北京结

箭扣

慕田峪

黄花城

勃海所

辛营

十三陵

黄花路组团位于怀柔区和延庆区，涉及渤海镇、雁栖镇、四海镇和九渡河镇。属明代昌镇黄花路管辖，涉及慕田峪关，有慕田峪、北京结、响水湖3个长城段，长城墙体长度约30公里。

大水山峪

河防口

神堂峪

怀柔城

绘制建平

◇ 慕田峪长城

黄花路长城地处北京城区正北方向，西大墙、慕田峪—箭扣、南冶口—擦石口、海字口—火焰山、四海口—九眼楼共五道长城，辛营、擦石口、磨石口、四海冶、雁栖河共五条沟域交会于此。长城城堡沿沟域密集分布，与长城主线上的关口形成关堡防御组合，共计17座城堡，长城敌台、马面等单体建筑200余座，在慕田峪、箭扣、西大墙段分布最为密集。此外，还有北京明长城中规模最大、规格最高的空心敌台——九眼楼。

黄花路长城恰是明代三镇四路长城交会点，蓟镇石塘路、昌镇黄花路、宣镇南山路、东路于此区域交汇。这里也是明代外边和内边长城的分界枢纽，可以看到砖石包砌与毛石垒筑墙体的不同建构方式在此分化延伸。九眼楼至箭扣段的5道长城"工"字形交会点被命名为"北京结"，有"万里长城"中心枢纽之称。此处长城结点处在"北京湾"靠背的地理位置，据守京师正北方向，历史上军事地理重要地位不言而喻。黄花路长城选址布局借助险峻山势，构筑多道严密防线形成绝险的防御态势，与东北方向的古北口路和西北方向的居庸路两大扼守交通要道的门户长城有所不同，是拱卫京师与皇陵的明代长城代表性精华段落，也是明代长城多重意义的空间交会点。

黄花路南线长城分属蓟镇、昌镇，是明代名将谭纶、戚继光北上戍边的关键防线。蓟辽总督谭纶曾驻扎密云并亲自督理古北口、石塘岭、黄花镇各路，除完善关口堡寨整体布防外，特别加固加宽长城墙体，修筑慕田峪两侧垛口墙，增建改建空心敌台千余座，城墙、敌台、关隘、堡寨、烽火台严密呼应防守，构成了最高建制的长城军防体系，以据险扼要，称为金汤要塞。

黄花路北线的长城属宣府镇。因高山纵横重叠的地势地貌，山间形成彼此相连的小盆地，长城也依山脊修筑，特别险峻，沿边墙有大小诸多关口道路。因此形成以守御为上策，分兵扼控要害，间遣精锐巡塞外，遇敌则量力战守战略为原则，以九眼楼为结点分南山路和东路，宣镇长城扼守重山列东北之险，居庸壮表里之势，为京师东北方向的军事和政治要地。

河防口

因河设防，故得此名。其实那条河很小，甚至没有名字，仅是沙河的支流。但此处为通往塞外的要道，地理位置十分重要。《方舆纪要》载，河防口关是怀柔境内长城东起的第二关。口外为连云栈，北边是沙岭儿，关隘狭窄不容马儿通过，利于防守。河防口关，位于怀北镇河防口村北，南距怀柔城区 13.5 公里，东北距大水峪关 2.5 公里，西南至神堂峪关 3.5 公里。此关口自古为通衢古道，山川秀美，形势险要。关口附近石崖上面，曾留有"吏隐"石刻，文字端庄精美，不知为哪个朝代文人所题，遗憾的是因为修路，石刻被砌在了护坡内。该关口是平原、山区的分界线，站在关口处南望一片沃野，北望群山巍峨。111 国道通车后，过往行人车辆增多，多由此口进入山区。

慕田峪

慕田峪长城位于北京市怀柔区境内，于1368 年由明初朱元璋手下大将徐达在北齐长城遗址上督建而成。1404 年建慕田峪关，1983 年经国务院批准开发，1988 年正式对外开放，先后被列为"世界文化遗产之一""全国重点文物保护单位"。2011 年被评为国家 AAAAA 级景区。慕田峪长城具有双边垛口、敌楼密集、关隘险要的特点。"慕田峪关""正关台""大角楼"等独特景观是慕田峪长城的精华所在。慕田峪长城植被覆盖率高达 96% 以上，春花、夏翠、秋叶、冬雪，四季美景，在中外素有"万里长城，慕田峪独秀"的美誉。

◇ 慕田峪关

中国南北朝时的北齐（550—577 年），就在慕田峪筑有长城，明朝初年重建。据文献考证，慕田峪长城是明初开国大将徐达在北齐长城遗址上督建而成。《日下旧闻考》载："慕田峪关，永乐二年建"，距今已有 600 多年历史。

慕田峪关曾名"摩天谷关"，皆因于关台之上放眼望去，长城蜿蜒而上直接天穹，故名"摩天"。因"摩天"与"慕田"音似，"峪"即"山谷"，后人便称其为"慕田峪关"。关口内原有城堡一座，现仅存城基。

这里山势缓陡，曲直相间，所以极富立体感。由于慕田峪地理位置十分重要，被称为"危岭雄关"，而慕田峪关更是明代拥护京师和明皇陵的重要关口之一，在此曾发生过多次战事。慕田峪长城西接居庸关，东连古北口，为京师北门黄花镇的东段，自古被称为拱卫京师、皇陵的北方屏障，而慕田峪关更是明代拥护京师和明皇陵的重要关口之一。

慕田峪关海拔仅486米，往东，陡然上升，至大角楼（慕字1号台）不到500 米，上升117米；往西，从慕字4号台至"牛犄角边"最高处，就跃升了454米，蔚为壮观。从慕字1号台（大角楼）至慕字4号台，不到500 米，就设敌楼4座；从慕字1号台至慕字20号台，长度仅3000米，敌楼、敌台、墙台、铺房就25座，这种百米左右就有一座敌楼的长城段也是不多见的。其他段长城，多为长城外侧一面建垛口墙，而慕田峪段长城却两面都为垛口墙，垛口墙即守城将士对敌作战的掩体。两面垛口墙，即意味着两侧同敌作战，可见慕田峪段长城在历史上的重要战略地位。

◇ 慕田峪长城

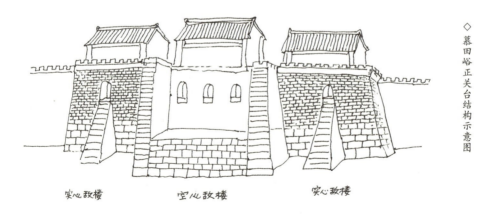

实心敌楼　　　　空心敌楼　　　　实心敌楼

◇ 正关台

正关台建于 1404 年, 明永乐二年。是由三座空心敌楼构成, 通连并矗, 两侧楼较小, 中间楼较大, 三座敌楼之上有三座望亭。关门不设正中, 而是在关台东侧, 进出关台也是两侧敌楼设门, 这种独特的关台建筑是万里长城所罕见。

正关台长 40 米, 宽 30 米, 高 20 米。正面有"正关台"三字石匾, 关基座为精细花岗岩砌筑, 楼为青色城砖砌筑, 就山顺势, 高大雄伟, 浑然天成。正关台内, 为两层, 底层相通, 有室多间, 可用于屯兵, 屯粮, 又分大室小室, 可用于将军指挥, 住宿, 兵士就餐休整。下层各室可容纳兵丁 200 余人。上层分主厅, 侧厅。主厅一个, 侧厅两个。主大侧小, 环厅为兵道, 从垛口望向长城内外, 视野开阔, 城外之事尽收眼底。

◇ 大角楼

大角楼坐落于慕田峪关东面的主阵地, 现编名慕字 1 号敌楼, 是慕田峪长城较大的一座敌楼, 分上下两层, 上层建有望亭, 下层为"井"字形通道。此楼设计科学, 此楼三面有万里长城, 一条往西与八达岭相接；一条东向, 与古北口相接；一条往南, 为内支城, 无论从长城哪个角度看都似一城角, 故名"大角楼"。此楼西警戒着正关台, 东警戒着亓连关, 同时是两个关口的岗楼, 是进退的必经之路。另外, 它又是蓟镇长城与昌镇长城的分水岭, 外往东为蓟镇所辖, 往西为昌镇所辖。大角楼是慕田峪关东侧的制高点, 视野开阔, 长城内外景色尽收眼底。

正北楼

外支敌楼

大角楼

◇ 慕田峪正关台示意图

◇ 敌楼

◇ 箭扣长城（修缮前景观）

箭扣长城位于怀柔西北雁栖镇与渤海镇交界处，东连慕田峪，西接大榛峪，北侧为雁栖镇西栅子，南侧为渤海镇田仙峪。箭扣实际是一大段长城的总称，它从"牛犄角边"开始，经过"正北楼""小布达拉宫""刀把楼""将军守关""天梯""鹰飞倒仰""北京结"，直至"九眼楼"，全长20多公里。这一段长城因山势险要，且位于断崖之上，显得格外雄奇。它因整段蜿蜒呈"W"状，形如满弓扣箭而得名"箭扣长城"。箭扣长城是北京境内一段最险峻的长城，它的很多景点充分展现了长城的"惊、险、奇、特、绝"，能够让人们领略到原汁原味的长城景观。美与险是箭扣长城的代名词，由于箭扣长城一直未对外开放，它也被誉为"中国最美的野长城"。

箭扣长城原名为田仙峪长城，因关口内曾建有田仙峪寨而得名。当地人俗称这里为"涧口"，意为两山之间的低洼处。这里还有小路可通关外的西栅子，箭扣的得名实际形成于20世纪80年代。随着慕田峪长城的旅游开发，越来越多的人到此游玩，因"涧口"与"箭扣"发音相近，而且很多人觉得"箭扣"的名字更贴切，逐渐"箭扣"就代替了"涧口"，而且越叫越响。

箭扣长城包含贾儿岭口和田仙峪口，《日下旧闻考》记载："渤海所下隘口七：慕田峪关永乐二年建，贾儿岭口嘉靖十五年建，田仙峪寨永乐二年建……"据此推算，箭扣长城至少已经存在了480多年。频繁的战事、易攻难守的地形特征，使这一带长城修建得十分坚固，也为后人留下了丰厚的人文史迹。

◇ 箭扣长城险处直上直下，只能「爬长城」

◇ 箭扣长城

萬里長城
北京結在懷
柔區庄戶村
壬寅年秋日臨
建平題記
佳興園

北京結

北京结地标植物
迎客松 建平

◇ 北京结

怀柔长城的走向非常清晰，有人曾以"三镇长城汇聚之所，两类长城分界之地"加以概括。"三镇长城汇聚之所"，即指明长城沿线曾划分为九个军事要镇，史称"九边重镇"。其中蓟镇、昌镇、宣府这三镇长城在北京北部的怀柔汇聚，形成雄伟壮丽的——北京结。

"北京结"的命名最早来源于一则遥感数据。由顾巍、曾朝铭执笔的《北京地区长城现状调查研究》一文记载：1985 年，中国地质矿产部地质遥感中心采用航空遥感技术，对北京地区长城的空间分布格局进行了全面勘察，发现北京地区长城总的走向主要分为东西、北西两个体系，这两个体系在怀柔八道河乡西栅子村臭水坑西南的分水岭上会合，其南会合点位于东经 119° 29′ 38.9″和北纬 40° 27′ 45″之处，这个会合点被命名为"北京结点"，简称"北京结"。结点处海拔 958 米，在这里举目远望，绵延的长城像巨龙一样舞弄身姿，三边汇聚，雄伟壮丽，美景尽收眼底。

"北京结"长城以砖包墙为主，损坏不大，墙体高大，顶部较宽，城台密集。城墙比较连续完整，墙上女墙、垛口也比较齐全。"北京结"不仅在北京地区长城的分布格局上有巨大作用，在研究内外两大长城体系上也具有十分重要的意义。三镇三边长城在怀柔的"北京结"聚集交会，"雄踞东北，以屏蔽中原"，为保卫京师和帝陵（今明十三陵）发挥了重要的历史作用，使怀柔段长城的建筑布局更加雄伟壮观，固若金汤，强化了横亘北方军事体系的功能。

◇ 鹰飞倒仰

「鹰飞倒仰」，箭扣长城最险峻的一段。这里的山势状如雄鹰，有鹰头、鹰身，还有展开的双翅。用「倒仰」，是形容山高而险。整个150米左右长的塌方段，正好是一座山峰垂直的切面，老鹰到此也不得不翻身仰飞才能越过。大自然的出神入化与鬼斧神工在这里融合成人间奇迹。

◇ 慕田峪内侧垛口与排水

◇ 空心敌楼与自然光线很好地融合在一起

黄花城长城东起小长峪，西至撞道口，全长约 4000 米，边墙约 3300 米，有空心敌楼 13 座、城门 2 座、附墙台 2 座、实心敌台 1 座，东西城堡各 1 座。该段长城为石条结构，雄伟险峻、巍峨古朴，是明长城的精华所在。又名"金汤长城"，之所以叫"金汤长城"，在于此处地理位置极其重要，是历史上著名的军事要冲。关口附近的岩壁上有"金汤"石刻，意为"固若金汤"，为明万历年间所题，足见这里关口的险要。这段长城与黄花城水长城并不是同一段长城。

黄花镇与黄花城相距 2500 米，它们并不是一座村庄。两个村庄都以"黄花"命名，东为"镇"，西为"城"。黄花城成村稍晚于黄花镇。隋唐时期，幽州所辖有燕山都护府，府下设有军政合一的"镇"。黄花镇的"镇"与现在的"村镇"显然不同，这里的"镇"是个军事区域。古时在边境驻兵戍守称为镇。明景泰四年（1453 年），塞外诸夷不断进犯，为加强防守，便于指挥调动，于头道关内（今黄花城位置）建筑堡城。城建好后，黄花镇的军事指挥机构移驻于此，为了与原来的黄花镇区别开，称为"黄花镇城"，后简称"黄花城"。

黄花城长城修建得异常雄伟坚固、大气磅礴。登上长城，可以清晰地看到三道长城防线的轮廓。黄花城关口，旧称本镇口，由此向关外延伸，还有二道关、三道关，层层设防，防御纵深很深，可谓关卡重重、墙高城险。本镇口当年曾建有关门城楼，修建黄花城水库时拆除。本镇口即头道关，是黄花城长城的第一道关口。当年重关锁钥的关门，如今成了黄花城水库大坝。关口附近的石壁上，有题写着"金汤"二字的摩崖石刻，每字有 2 米见方，阳刻正书，敦厚端庄，十分醒目。右上小字题款"明万历己卯春"，左侧落款"金陵吴臣书"，上下款今已字迹模糊，很难辨认。就其年代而言，明万历己卯年为 1579 年，距今已有 400 多年历史了，具有十

◇ 黄花城长城敌楼内部结构

◇ 黄花城长城空心敌楼向外眺望

分珍贵的文物价值。

　　黄花城长城墙体高大，高达 6—9 米不等，平面呈梯形，底宽约 7 米，顶宽近 6 米，大部分地方墙顶平面宽阔平坦，可以五马并骑或十人并行。墙两侧用花岗岩石条包砌，最重的石条差不多有 2000 公斤，无论陡峭山坡还是平缓地段，石条均逐层水平垒砌，横架竖垒，咬合成一体，以灰浆合缝。石条之上，再砌城砖三四层，每块砖重 15 公斤。在坡度较大的陡峭地段，墙顶表面筑成梯道，便于上下。城墙内部填充的是夯实的泥土和石块。为了防止渗漏，大都铺砌了三层城砖。城砖铺砌时外高内低，便于排水，雨水可从排水沟流入墙上的水嘴，再排出墙外。墙上面两边再加高，外侧的叫雉堞或垛墙，内侧的叫宇墙或女墙，构造各不相同。垛墙为迎敌墙，高约 2 米，便于掩护人体，砌有成排的垛口，垛口与垛口间距约 1 米。垛口的砖均为特制，一边为斜面，码在口上，呈扇面状，外宽内窄。如此设计非常科学，观察面大。垛墙上部设有瞭望孔，下部是射击孔，令人惊奇的是，部分射击孔和瞭望孔的砖面还雕有图案花纹。内侧宇墙高约 1 米，墙顶是一层脊砖。

　　虽经数百年岁月的风吹雨打，那些黏合的灰缝依然洁白如故。古人砌筑城墙的工艺非常讲究，注重细节，无论直线还是曲线，都柔和而坚固。那道道灰缝不仅坚实，表层还呈"泥鳅背"或"荞麦棱"状，非常美观，这对我们今天的修缮工程有很大的启发借鉴作用。

◇ 黄花城长城敌楼墙体

◇ 黄花城长城敌楼远眺

黄花城水长城旅游区位于怀柔区九渡河镇境内，水长城原为明代西水峪长城，西水峪关口建在今水库大坝处。西水峪关口，曾是明代黄花路所辖的 17 座隘口之一，也是今天怀柔长城西边的最后一道关口。《四镇三关志》记载："西水峪口，永乐元年建。"距今已有 600 多年的历史，建关较早。明成祖建都北京后，将陵寝设于昌平天寿山之阳，黄花镇在天寿山之北，此处长城不仅守卫着京师的北大门，而且是护卫明皇陵"十三陵"的重要门户。该段长城为石条结构，雄伟险峻、巍峨古朴，是明长城的精华所在。

西水峪长城改叫水长城，是因为 1976 年动工兴建了西水峪水库，水库大坝截流，水位上升，把处于低谷的长城淹没在水中，形成长城入水的奇观。越过西水峪关口大坝，明显地看到长城由山脊一头没入水中，像是蛟龙戏水，像是水漫长城，于是就有了水长城的名字。这一景象在山海关老龙头尚有一段，但像水长城这样三段入水的在国内别无他处。

位于雁栖镇神堂峪村西北 1 公里处，南距怀柔城区 11 公里，东北距离河防口 3.5 公里，西北距亓连口 4.5 公里，雁栖河由此口流入关内。《三镇边务总要》曾记载，神堂峪关建于永乐年间，水口有十余丈宽，人马可并行。神堂峪就在关门两侧中间，两匹马可并排通过。古时有官军屯守，出关口后道路狭窄，乱石峭壁，虽有小道，但通行极为困难，交通不便，居民稀少。可见当时神堂峪关口位置之重要，工程建设之难。

九眼楼

九眼楼是一座长城敌台，因其四面各有九个箭窗而被当代人称为"九眼楼"。九眼楼又名火焰山楼，位于北京市延庆区四海镇石窑村东南3公里火焰山主峰之上，与怀柔区雁栖镇交界，是已知万里长城上建筑规模最大、规格最高的一座敌楼。

九眼楼楼体为正方形双层建筑，基础为条石垒砌，条石上为城砖砌筑，空心结构。因年久失修，上层敌楼已不复存在，现仅存一层。楼高7.8米，宽13米，外墙每边长约20米，每面设九个箭窗。

九眼楼向西沿长城约350米为营盘遗址。营盘遗址平面为不规则长方形，依宣镇南山路长城而建，北城墙上开有城门，城门上有楷体阳刻"崴严"二字门匾，其上款为"钦差怀隆兵备按察使胡立"，落款为"万历岁次戊午（1618年）秋吉旦"字样。营盘西城墙长约100米，北墙长约45米，南墙长约50米，面积约2500平方米，均为毛石垒砌。

九眼楼初建年代不详。明成化二年（1466年）即有该处有墩台的记载，不过当时只是一个小墩。九眼楼为砖石砌筑的空心敌台，而空心敌台是在100多年后的隆庆三年（1569年），由蓟辽总督谭纶上疏，开始在蓟、昌二镇修筑的。蓟昌二镇空心敌台于隆庆五年修筑完毕。清代九眼楼被称为御靖北台，镇南墩被称为镇塞墩。

九眼楼是长城文化底蕴最为深厚的一座敌台。近年来的在保护修缮工程中，九眼楼附近出土碑刻多达24通。在一座敌台及周边发现如此多的碑刻，在全国长城上也是绝无仅有。

九眼楼是明代砖石质长城中规模最大的一座空心敌台。隆庆三年（1569年）谭纶、戚继光开始主持修建空心敌台，当年修建了空心敌台472座。到了万历三年（1575年），蓟昌两镇累计修建1337座，万历九年（1581年）累计修建1448座，至此蓟昌两镇空心敌台的修建基本完成。延庆区

◇ 九眼楼

◇ 慕田峪长城景观

现存敌台 470 余座，其中砖石长城上敌台 107 座。在这些敌台中，每面墙上箭窗最多的也不过五六个。九眼楼坐落于延庆怀柔交界处的火焰山主峰上，地势险要，向东接黑坨山，向西俯视营盘，向南与箭扣相连，东、南、西三道长城汇聚于此。敌台每边长约 20 米，占地面积 400 平方米，每面设九个箭窗，可见其规模之大，规格之高。敌台内有宽 1.2 米的环形通道，供守城将士来往巡视。站在敌台顶，可以俯视对面怀柔区境内的箭扣长城和"鹰飞倒仰"，可以远眺三镇长城的壮观景象，确实让人心旷神怡，流连忘返。

九眼楼是明代砖石质长城建造技术的经典之作，明长城上的敌台虽然有一定的营造规范，但实际上多是根据地形地势和防御要求而建造的，每座敌台各不相同。一般包括下层基座、中层建筑、上层平台、上层铺房等几部分。谭纶、戚继光主持修建的蓟昌二镇的空心敌台从剖面上看多为一层上建铺房，少有或两层上建铺房的，从建筑的结构形式看有单券室、双券室、三券室，有一至五个通道不等的情况。九眼楼因为体量大，中层采用了中间正方形厚墙体大券拱，四周回廊的结构形式，在现有的敌台建筑具有特殊的代表性。可以说，这是后期明长城建造对谭纶、戚继光创建的空心敌台的继承和发展，也是空心敌台建造的创新。

大水峪

怀柔长城自东向西，大水峪关在今天怀北镇大水峪村西北山谷里，这个山谷现在是青龙峡景区。西南距离怀柔城区 15 公里，东距密云小水峪 3.5 公里。关口早已不存在，残留下青龙山两侧的古老长城。明时大水峪边关所在地是今怀柔青龙峡景区售票处。据史料记载，大水峪金代成村，因村西有一座青龙山，村便以山为名。20 世纪 70 年代，因村北山谷内修了水库，90 年代中期又将其开发为景区，便有了青龙峡

的称谓。

关和关口内的城建于明代永乐年间，这个大水峪城不是土城，而是一座砖石城，下面铺着条石，上面砌着青砖，顶部建有垛蝶。城高三丈，顶宽一丈，南北长 250 米，东西宽 200 米。有东、西、南三个门。城堡北高南低，不论进西门、南门、东门，均需爬坡而上。明嘉靖年间，大水峪曾设广积仓，主要供应附近关隘驻军的用粮。明代《怀柔县志》说，怀柔的"兵备道"，也就是怀柔驻军"司令"张邦彦还戍守过大水峪。当时怀柔防守的长城关口有七处，这个"司令"除驻守县城外，大水峪是唯一由他兼管的关口，由此可见其重要性。

据《日下旧闻考》记载，明代，怀柔至丰宁（大阁）已通路，以大水峪关为节点，往南经龙各庄、东流水庄、范各庄，可通怀柔；北经椴树岭、琉璃庙、汤河口、长哨营等地，可通大阁。由此可以看出，明时这里的古道已经比较繁荣了。怀柔至大阁的古道，早在春秋时期就已存在，当时，无论是山戎的部分人马出山南下，还是燕齐军队出塞，大水峪与河防口两条古道都是辅助性的军事走廊。因古代的河防口口狭路窄，通行宜步，大水峪沟谷宽漫，三骑并驾可行，故两汉时期无论是匈奴南下，还是渔阳太守临塞据守、进兵追击，多由大水峪山地古道出入。明代，退入塞北草原的蒙古各部经常入塞袭扰。大规模的行动，是拥兵进攻名关大口；小规模的突袭，则是由较小隘口攻入。据史料记载，仅从大水峪进攻的就不下 10 次。可见，连接山内外古道的大水峪关，与居庸、古北等大关相比，其重要性毫不逊色。

京畿屏障
居庸路

太行山脉

北八楼

北口

八达岭关城

云□

居庸关城

西　山

南口

燕山山脉

居庸叠翠

军都山

居庸路组团位于延庆区和昌平区，涉及南口镇、八达岭镇。属明代昌镇居庸路管辖，涉及北京长城重要的居庸关关口，居庸关、八达岭两个长城段，长城墙体长约 38 公里。

居庸路长城地处北京西北方向，延庆区与昌平区的交界处，太行山山脉与燕山山脉在此交会，构成了关沟雄奇险峻的特殊地理地貌单元，也成就了依自然天险而成的居庸著名关口和八达岭世界文化遗产，是 2000 余年来京北交通之枢，也是北京的北门户。关沟是华北平原通往内蒙古高原最近的一条通道，自古以来就是交通要道和兵家必争之地，古称军都陉，为"太行八陉"之一，有着"天下九塞，居庸其一也"的记载。明代在此修筑多重关堡防线，紧紧把控关沟这条重要通道，还配合设有烽传和驿传系统，如南山连墩烽传系统、岔道城、居庸关城驿站、三堡村（铺三）、南口村急递铺等。

居庸路长城文化资源富集，除 38 公里的长城墙体外，还有关城 3 座，分别为八达岭关城、上关关城、居庸关关城；城堡 5 座，为岔道城、程家窑城堡、石峡城堡、营城子城堡、南口城堡；另有与长城文化相关的其他各类资源，如砖瓦窑、碑刻、军事设施、守关将士墓等，其中比较有代表性的有分修边墙题名碑、清水河分界碑、分修长城题名碑、残长城石碑、岔道点将台、大浮坨烽燧、李公墓、孙公墓和仙枕石刻等；这些遗迹遗存一一诉说着明代昌镇居庸路作为守护京都和帝陵防务的军事要地，修筑长城、将士守关的一系列动人故事。

居庸路长城防区坐守明皇陵以北关沟区域，担负着明代拱卫京师与皇陵极为重要的作用，是中国长城的精华点段。它见证了北京作为中国古代国家中心及王朝都城的政权交替，呈现政治地缘特征。居庸关所处关沟还是文化与经济碰撞交流的千年京衢古道，守卫京师之门户，其西北地势平坦，无险可据，故将烽燧发展成墩墩相望、堡堡相连、火器联守的联墩防线，并以烽传、驿传体系之并行而进，形成新型的长城防守模式，是烽传与驿传体系在长城防御体系中军事作用的最佳体现。作为中国人自己设计并施工的第一条干线铁路，京张铁路标志着北京四大古道之一的居庸关大道由农牧时代进入工业时代的转向。素有"绥察之前门，平津之后门，华北之咽喉，冀西之心腹"之称的南口，是北京西北咽喉重镇，居庸路长城最南道要隘。

南口城

南口因位于关沟的南出口而得名，因地处军事要塞，所以也是北京西北之重镇。南口镇因南口村而得名，而南口村早在北魏时期就已形成，至今已有 1500 多年历史。北魏时初称"下口"，北齐时称"夏口"；金至宁元年（南宋嘉定六年，1213 年）改称南口，并在此修筑城池，取名"南口城"。城为不规则的长圆形，南北各开一个门。除南北城门和楼台用砖外，其他墙体均为虎皮墙（即山石砌成）。明代重建城堡，据《西关志》载："南口门在关城南十五里。其城上跨东西两山，下当两山之冲为堡城。周围二百丈五尺，南北城门城楼二座，敌楼一座，偏左为东西水门各一孔。护城东山墩一座，西山墩三座，烽堠九座。"

南口城历来为北京西北唯一能通车马的大道，自然也就成了军事要塞。明清两朝不断加固、完善，城外又逐步形成村落。如今只有旧城的南门和城墙保存下来。既然是交通要道，通军队自然也能通商，因此城中南北向大街逐渐汇集了很多店铺，经营粮食、布匹、杂货等，所以南口城亦为商业集镇。南口村还保留有明代御用监理公神道、石碑坊、石雕、石柱及树龄 500 多年的古槐。村南有明代所修清真寺遗址。南口村委会下辖自然村中有滑园子村，清末成村，因姓氏得名，村内有二级保护古树唐槐两株。东园子也是清末成村，内有清朝江南总督、太子太保、兵部尚书兼都察院右都御史马国柱墓，村东有清代皇族王爷坟遗址。大堡村成于明代，曾设急递铺。这些古迹故址都在向人们讲述着南口悠久的历史。

关沟

从延庆的岔道城到昌平的南口有一条约20公里长的狭窄沟谷，名"关沟"。关沟古代称军都陉，为太行八陉之一。关沟自古即为中原通向塞外孔道，南北各民族交流枢纽，在明代更是京师军事防御体系的重中之重。同时关沟也是太行山与燕山两大山脉的地理分界线，沟中有温榆河自西北向东南穿流，是一处天然的地质博物馆。关沟中有六座关和城：岔道城、八达岭关城、水关、上关城、居庸关城、南口城，因为关口多而被冠以"关沟"之名。

军都陉是太行八陉中随时代变迁变化最大的一条。这条陉道连通塞外与中原，自古就是中国历史上北方游牧民族与中原农耕民族之间的兵家必争之地。如今，这条古陉道依旧是北京与关外乃至西北高原很多地区来往的交通要道。关沟以东属燕山山脉，以西属太行山脉，古道南起北京市昌平区南口镇，北至延庆区的八达岭长城。

关沟古道是在中国的历史上举足轻重的一条古道。它一头连接京城，一头通向塞北大漠。千百年来，人来车往，穿行着商旅驼队，融洽着民族交往，繁荣了关内外商品边贸。约20公里的关沟古道，穿山越岭、奇峰险要、山重水复、关城道道：八达岭城、上关城、居庸关城、南口城，组成了一道道难以逾越的铜墙铁壁，拱卫着京师的安危，守望着百姓的和平安康。

自北方进入京城，翻山越岭，走关沟最为便捷。古人依据天险，建立雄关，此地便称为关沟。山口两端，只在沟口才能见到平地。北端为居庸北口，即八达岭，南端为南口。穿越关沟，南口是必经之地。南口最初不称此名，古人以北为上，南口称为下口，这在《魏书·常景传》中有载，都督元谭就曾据守"居庸下口"。到元代才称为南口，《元史》中称"自南口以上"指的就是关沟。

关沟长约20公里，两侧山岩陡峭，中间有路，极为狭窄，只容一车通

◇ 形如团状堡垒的居庸关城

◇ 居庸关关城城楼、牌坊

◇ 迎恩坊

该坊四柱三楼，琉璃瓦面，柱子为花岗岩制成，彩画为铁红色。守关将士作战胜利后上报朝廷，皇帝派遣使者，带着奖赏的圣旨和金钱、酒、肉到关城慰问战士，以示奖励，守关大将要在此地摆香案供桌，迎接圣旨和传旨官，牌坊因此得名「迎恩」。

◇ 居庸关为天下第一雄关

过。沟内树木葱郁，一水旁流。关沟充满美妙与神奇，名胜古迹繁多，号称有七十二景。除云台、居庸叠翠之外，还有二龙戏珠、拴马柱、青龙潭、状元桥、关城等。从明代志书上的地图看，居庸关居中，南北各建关城，南口城称南门口，如同南大门，封堵住沟口。居庸关向北八里有上关城，也称上关门。那里存有摩崖石像，刻于石壁。再向北就是雄关八达岭。元朝人称那里为居庸北口，以守备守之，北面迎敌，首当其冲。明时建有关城，设南北二门。南门额题"居庸外镇"，刻于嘉靖十八年（1539年）；北门额题"北门锁钥"，刻于万历十年（1582年），保存完好。两门均为砖石结构，北城墙下用10余层花岗岩条石垒砌，上部砌砖。古人在关口向北五里，还建有城堡，名岔道城，又是八达岭的藩篱，成为居庸北口遭到攻击时的一道屏障。八达岭与上关城、南口城一起，形成居庸关纵深的防守体系。

居庸关

在关沟一线的"关"与"城"中，居庸关不仅仅是控关沟之中枢，也是中国长城最古老最著名的关隘。古人有"天设居庸险，乾坤此北门，山川通上郡，形势冠中原"的赞誉，居庸关对于都城、对于中原的重要性不言而喻。"居庸塞""居庸陉""居庸古道""居庸关"，自古居庸即是华北平原与内蒙古高原之间最近天然要道咽喉。冲突时，是军事防御的重要关口；和平时，是商贸往来的通衢大道。居庸关并不仅仅是一座关城。从关沟的角度看，居庸关是关沟防御体系的中枢，从军事防御体系看，居庸关戍守的区域"东至西水峪口黄花镇界九十里；西至坚子峪口紫荆关界一百二十里；南至榆河驿宛平县界六十里；北至土木驿新保安界一百二十里；南至京师一百二十里"（《西关志》）方圆数百里，是拱卫京师的重要防区。居庸关有"天险""绝险""奇险"之名。居庸关其所处

◇ 古炮

此大炮被称为「神威大将军」，有照门和准星用于瞄准，射程可达500多米。明代是我国古代大炮制铸和使用的繁荣时期，专门设有兵仗军器局，研制铸造大炮。明成祖曾下令在长城沿线安置大炮，用于防御。

峡谷，属太行余脉军都山地，地形极为险要，"居庸叠翠"是著名的燕京八景之一。居庸关与紫荆关、倒马关、固关并称明朝京西四大名关。其中居庸关、紫荆关、倒马关又称内三关。居庸关城东连卢龙、碣石，西属太行山、常山，自古为兵家必争之地。关沟南北两端设关口，南名"南口"（今南口），北称"北口"（今八达岭）。

明洪武元年（1368年）建居庸关关城，系大将军徐达、副将军常遇春规划创建。明景泰初年（1450—1454年）及其后又屡经修建。居庸关关城设有南北两座城门（均设瓮城），城门的门楣上均有"居庸关"的匾额。城垣东达翠屏山脊，西驶金柜山巅，周长4000余米。居庸关城不仅是一座驻兵城，关城内外有衙署、庙宇、儒学等各类设施，以及民居、驿馆、商铺、戏楼等建筑。过往关沟的商旅和文人墨客，都要在此停歇。

居庸关城地处两侧高山，中间狭窄的险要地形。关城墙体跨越水道时设双孔水门，水门上设闸楼，用以调控长城内外水量。洪水季节开闸泄洪，枯水季节关闸蓄水使用。水门桥墩为南北尖状，以利于减少洪水对水门的冲击力。日本侵略中国时，居庸关城被日本侵略者的战火毁于一旦。

人们现在看到的是1992年动工，1998年复建完成的居庸关城。

◇ 云台

云台位于如今居庸关关城的中心位置，是我国现存过街塔中建造年代最早、规模最大、雕刻最为精美的一座，1961年被国务院公布为全国重点文物保护单位。云台建筑高大雄伟，上面密布的高浮砖雕圆润流畅，造型别致，是一座巨型的石雕艺术品，也是现存元代雕刻艺术和建筑技术的优秀代表作，具有极高的历史和艺术价值。

元至正二年（1342年），顺帝根据藏传佛教习惯，命人在当时的居庸关南建造过街塔，以供过往僧人或信徒等礼佛之便，至正五年（1345年）建成。熊梦祥《析津志》载："至正二年，今上始命大丞相阿鲁图、左丞

◇ 云台正面景观

云台建于元至正五年（1345年），汉白玉筑成，台高9.5米，上顶东西宽25.21米，南北长12.9米；下基东西宽26.84米，南北长15.57米，上小下大，平面呈矩形。台上先后建有过街塔、泰安寺，现仅存台基。云台的雕刻集中在券门和券洞内。

◇ 云台券门内的八思巴文字

◇ 云台券门内西夏文字

◇ 居庸关内云台

◇ 云台古道记录着各民族交往的历史

◇ 云台旧照

◇ 云台通道内古老车辙

相别儿怯不花创建过街塔。"这座过街塔在元代位于居庸关关城（今上关）之南，明景泰六年（1455 年）在旧关南八里之长坡店建新关城，即现在的居庸关，过街塔也才被围在新关城内。元人所称"三塔跨于通衢，车骑皆过其下"，是墩台上建有三塔，塔下为矩形平面的墩台，中间辟门洞，以通南北大道，因此称为过街塔。台上三座喇嘛塔大约在明初毁去，台上另建佛殿，中经明正统八年（1443 年）重修佛祠为毗卢遮那佛殿，又毁于康熙四十一年（1702 年）。由于塔毁后建殿，明以后多称它为"石台""石阁"或"云台"，并把"云阁石台"列为"居庸八景"之一，所以居庸关过街塔的基座后来又称居庸关云台。

云台的雕刻集中在券门和券洞内，券门呈圭形，其形式是宋元以前城关门洞的常用建筑做法。券顶正中刻五个曼荼罗图样，两斜顶刻十佛。这些雕刻可以代表元代皇室工程石雕精品。券门两旁刻交叉金刚杵及狮、象、卷叶花、大龙神等图案，正中门额上刻金翅鸟王。券洞内两侧刻有四大天王，神情雄劲飞动，并刻有汉、藏、回、蒙、梵、西夏6种文字的《陀罗尼经咒》和《造塔功德记》，多种文字同时刻在一起，在我国古代石刻中仅此一例，这也是我国元代各民族人民文化交流往来的真实写照。《造塔功德记》末尾有："至正五年岁次乙酉九月"的题记，是国内仅存的极其珍稀的文物。云台券洞内外有很多生灵的浮雕，其中天神造型和装饰图案参考了西藏桑鸢寺和萨迦寺的造像，带有浓重的"梵式"风格。券洞内壁两端的四大天王是整个浮雕群中最醒目的部分，各高2.75米，宽3.65米左右，身材魁梧、气势威猛。四大天王手中所持物品为剑、琵琶、伞和蛇，在佛经中分别寓意风、调、雨、顺。另外，云台洞内除有阿弥陀佛、释迦牟尼佛、弥勒佛、五方佛、千手千眼大悲菩萨、天王等佛教显宗、密宗造像外，还有一些陌生的形形色色救度佛母、马哈哥（麻哈葛）等神像。

◇ 水关长城

水关长城

八　达岭长城以南有水关长城。很多人不知道该处长城古称"石佛寺口"，"水关长城"为现代人们的称呼。

古时关沟中的两侧山体中有多道山泉水不断汇入，形成关沟河谷，是北京温榆河的源头之一。明代建造长城时，遇到需要跨水的特殊地形时，多建有"水关"。水关的营建方式视水道的宽窄、急缓以及周边地形地貌的特征而建。河道宽阔时，长城即建成桥的形式，如著名的辽宁绥中九门口长城；河道狭窄时，仅需在墙体下留一个过水的门洞，当然也有不建墙体，只用栅栏阻隔的方式。因为水在低处走，沿水一般相伴有通行的道路，因此长城跨水的地方往往被称为"水口"，重要的通行处设有关城。《四镇三关志》载："石佛寺口，永乐年建，草花顶迤南，通步，缓。"从地势看，该处两侧山体夹持一道沟谷，即石佛寺沟。沟谷内溪流由北向南汇入关沟，这道沟谷并不简单，古时是通往延庆方向缙山古道分道处。长城在这里呈V字形布局，石佛寺关口即位于最低处。由于历史变迁，石佛寺口原布局情况已经不详。现在看到的水关长城关楼为20世纪90年代所建。

长城和水有着密不可分的联系，各个朝代及各个地区的长城都体现了长城与水二者之间的相互作用。长城修筑过程中，在选线、布局、建筑形式等方面都巧妙地利用了沿线的河流、湖泊、沼泽、溪沟等水体。水关、水口在御敌方面有独特的构思，同时长城建造过程中对于防止水的冲击和侵蚀等方面也都有着独特的方法，水对长城的建筑形式及构造也产生了深远影响。

上关城

上关城坐落于南口镇四桥子村西北，京藏高速公路西侧。它是明代之前的古居庸关，汉代时称居庸关，北齐时为纳款关，唐代称蓟门关，明代之前一直称为居庸关。明代《西关志》记载："其城上跨东西两山，下当两山之冲，为堡城。周围二百八十五丈，南北城门楼二座，敌楼二座，偏左为东西水门。护城墩：东山二座，西山二座"。古人以北为上，南口称为下关，居庸为中关，因其在居庸关北，故名上关。其与居庸关类似，跨山而建，但规模要小得多。太行山与燕山山脉之间的狭长山沟——关沟，不足20公里却矗立着南口城、居庸关城、上关城和八达岭四座关城。关沟的南端为南口城，北端就是八达岭长城。八达岭是旧时口内口外的分界线。南口城、居庸关城、上关城都在八达岭之南，所以叫口内，号称"内三关"，这三关，现在都在昌平区域内。上关城曾于永乐二年（1404年）重修，设南北城门，设东西水门，由于关城地势狭窄，这里只有明军30名守关。明初，大将军徐达、常遇春来到这里考察，看居庸关城虽然山势险陡，没有发展余地；又见以南八里处地形险要易于防守，而且山间地势开阔利于大量驻军。于是，朝廷决定在南八里处重建关城，仍叫居庸关城。旧居庸关城从此称作上关城，成为新居庸关的前哨阵地。上关城山势险要，易守难攻，恐怕只有当年据险守城的将士才有切身体验。所以，这就是"先有上关城，后有居庸关"的由来。1937年，在中国军队抗击日寇的南口战役中，上关城毁于日寇的炮火中，关城既毁，城墙被断，从而上关城又有了断城之称，2003年被昌平区人民政府公布为昌平区文物保护单位。2021年，北京市拨款453万元修缮昌平上关古城。

八达岭关城

八达岭关城位于关沟北端的两山交会出口处，由此出山可通岔道城、延庆小盆地，直至内蒙古高原。在明代建设八达岭关城之前，这里是历代进出京城的古道关口。因为与进入关沟南端的南口相对，又称居庸关北口，是居庸关的西北门户，也是明代昌镇和宣府镇的交会处。八达岭关城高踞关沟北端最高处，这里两峰夹峙，一道中开，居高临下，从八达岭俯视居庸，远眺京城。自古以来就有居庸之险不在关城而在八达岭之说。

八达岭关城城墙高大厚实，平面依地形布局，为不规则长方形，东西向窄，南北向长，其中西墙与南、北两侧山体的长城墙体相连，东西两门相对开设。关城城门平台下部用10余层花岗岩条石垒砌，上部城砖包砌。城门顶为城台，长20.58米、宽14.89米，面积306.43平方米，四面筑宇墙垛口墙，放置架炮抬弩。城台两侧30—40米处，各建敌台一座，与长城墙体连通，敌台与关城构成掎角之势。城台下方城开砖石拱券门，宽3.9米，高5.06米。城门洞内，安装大的双扇木门，门面铆钉镶嵌铁皮、门内安装有杠顶柱和锁闩。平时，大门敞开，行人商旅自由出入；战时城门紧闭，严实坚固。一旦发出反击号令城门洞又是守城将士发起冲锋的出口。奇特的是，西门洞地面咫尺之间，属两个水系的分水点。门外之水流向妫川入永定河，门内则为温榆河的尽头，入北运河。关城东西两门相距63.9米，城内面积5000多平方米。城内原有守备公署，察院公馆及军事营房等建筑。关城墙体是使用关沟中河卵石砌筑而成的。古代关沟是温榆河的源头之一，山泉水源丰沛，有水即成河。雨季河水将山石带入沟中，在转弯和平缓处形成河卵石堆积。修筑关城城墙时取关沟之河卵石，就地取材，节省成本，是古人的聪明才智。

◇ 八达岭关城示意图

八达岭关城的特点是「一夫当关，万夫莫开」，「北门锁钥」表明关隘就像一把大锁，没有钥匙打不开，居庸外镇是指关城是居庸关北边的关隘，出了这个关隘就四通八达了，故又有八达岭之称。

北八楼

居庸外镇

天险

北门锁钥

古道

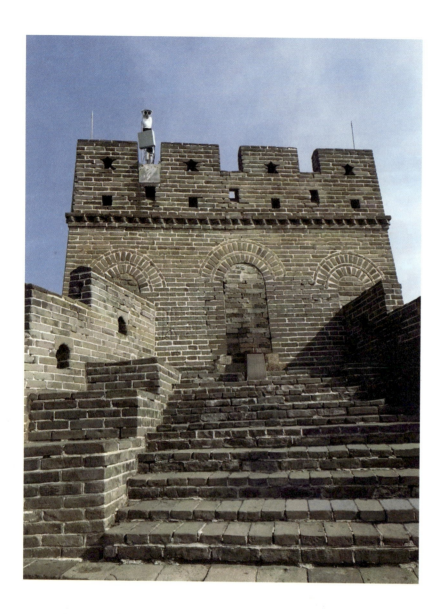

◇ 岔道联墩

位于八达岭镇，为连续分布的墩台，是长城的一种特殊布局形式。岔西联墩为南山联墩的一部分。据《宣府镇志》记载，南山联墩以岔道城为分界点，西抵龙爬山（今河北省怀来县龙宝山），东抵四海冶镇南墩。根据踏查，岔道以东大部分联墩与墙体相连，岔道以西延庆境内尚存联墩20余座，间隔约百米，夯土筑成，保存相对完好。

岔道城

岔道城是出关沟北口八达岭长城之外的一座古城堡。相传，岔道城的初建远早于明代长城。岔道城原为一座土石结构的堡城，从现存城墙的裸露部位即可看多次修筑的痕迹，包括夯土部分，块石包砌部分。明嘉靖三十年（1551年），明朝廷采纳大臣王士翘加强边关军备的建议，重修岔道城堡，后于隆庆五年（1571年）加固岔道城城墙，在墙体外包砌青砖，即为我们现在所看到的样貌。岔道城为宣镇南山线上的重要城堡，为驻兵城。史书记载，岔道城设有守备衙署，守备统领三名把总，带兵788人。根据山势和地形，岔道城依北山偏东南方向的山势而建，呈不规则长方形。城堡设东、西城门，北山处的边墙和墩台是八达岭外长城的一部分，南城墙有马面。东、西城门分别有"岔东雄关"与"岔西雄关"门额，万历三年（1575年）题款。明代城墙下为条石，上包青砖，墙芯为夯土。城墙对外一侧有垛口墙，顶面墁砖，向内找坡排水，这样的设置既不给来敌抛绳攀墙的机会，也使雨水向内流到城里，可缓解北方少雨的旱情。

岔道城是居庸关及八达岭关的军事前哨，其作用不可小视。若敌人攻打八达岭，岔道城守军可以拦腰截断或攻击敌方队尾，使其头尾不能相顾，若敌人攻打岔道城，八达岭关城守军可出击围岔道城的敌人，内外夹击迫敌退兵。故有古人评论其重要作用："守岔道，所以守八达岭；守八达岭所以守居庸关；守居庸关所以守京师"。足可见岔道城的重要。

岔道城西门不仅是城堡内居住者出入的大门，也是关沟古道的必经之地。古代来往的商贾、商队、各种交通运输工具和中外宾客都从这里经过。明代作为驻兵的城，在西门外设有校场，即演兵场，每到清晨这里练兵的杀声不绝于耳。清末长城防御功能逐渐丧失后，演兵场成为老百姓的晒场。古代称重要的防御之城为"雄关"，岔道城即是名副其实的军事防御之城。

◇ 延庆八达岭岔道城西门

◇ 延庆八达岭岔道城西城墙及马面

岔道城从清代以后成为商贾往来的驿站之城。往来岔道城的商贾过客很多，尽显繁荣之势。岔道城不算大，城中仅有一条东西走向的主街道，这条街道也是关沟古道的构成部分。城中有驿馆、商铺、察公院、庙宇等。

中国长城博物馆位于八达岭长城景区的山坳处，是迄今为止国内唯一一处以"中国"冠名的长城专题博物馆。中国长城博物馆从历史、军事、建筑、京畿、和平、智慧、文化、人类的角度，带领游客感受长城的厚重历史和丰富文化。

中国长城博物馆建于1994年，位于北京八达岭长城景区内的山坳处。原馆的面积较小，位置偏离长城游览路线，因而经营受限，同时也难以满足文旅融合新形势下游客对多元化、智慧化展览的需求。基于此背景，中国长城博物馆启动了改造提升工程，这项工程在2020年被列为北京市推进全国文化中心建设、长城文化带建设和长城国家文化公园建设的重点项目。改造后的新馆将是一个从环境中"生长"出来的建筑，和大地山林融为一体。承载着传承长城文化、弘扬中华民族精神的重要使命，为人们提供开放、共融的文化交流平台，让每一个游客都能体会到建筑空间传递出的精神力量。长城作为人类文明史上伟大的建筑之一，是中华民族的骄傲，它伟岸壮观的形象凝聚着历史的传承和文化的精髓。新的长城博物馆作为长城文化的代表，将成为传播长城文化、展示长城精神的场所，承载丰富的历史和文化内涵。

◇ 青龙桥火车站

处于水关长城与八达岭长城的连接线上，是长城文化带上重要的文化节点，也是京张铁路线上最初建成的16站中最著名的一站，"人"字形铁路就修建于青龙桥的山谷中。车站整体保护较好，不论是车站建筑还是周边环境都大体保留着百年前建站之初的风貌。

来到青龙桥火车站，映入眼帘的是站旁的被誉为中国"铁路之父"的詹天佑铜像。为纪念詹天佑，中国政府于1922年，在青龙桥火车站竖立了詹天佑铜像和徐世昌大总统颁给碑文的纪念碑。绕过詹天佑的铜像，顺台阶而上，是呈站台状的詹天佑与夫人谭菊珍的墓。1982年，有关部门将詹天佑之墓移至铜像之后，让詹天佑能够在这里看着京张铁路。

从北京到张家口，200多公里的距离，地形复杂。尤其是从南口往北，经过居庸关、青龙桥到八达岭一段，崇山峻岭横亘其间。正因如此，当时的外国工程技术人员根本不相信中国能独自修成这条铁路，曾扬言："建筑这条铁路的中国工程师，怕还是没有出世哩！"而詹天佑顶着巨大的压力，从1905—1909年，仅用了4年的时间，便修成了这条京张铁路。

京张铁路最陡峭的路段在南口至八达岭间，俗称"关沟段"。这段铁路的坡度已大大超过了火车最高爬坡率为25‰的现代标准，达到了33‰。在技术远远落后于现代的百年前，在这样的条件下修建铁路，是根本无法想象的，而詹天佑在设计上用一个横放着的"人"字形轨道解决了这一难题。列车为了达到"人"字一撇的尾部，先顺着"人"字一捺到达顶端，然后再掉过头来上行。这样，延长了列车运行的距离，提高了列车爬升的高度，解决了陡峭的坡道通行问题。这里值得一提的是1905年，詹天佑修建京张铁路时，首次将苏州码子应用于里程牌和坡道牌。目前，青龙桥火车站仍保留着刻有苏州码子的里程牌和坡道牌。作为中国数字文化的一个代表，被应用于京张铁路之上，是中国人自主修建京张铁路的见证。

青龙桥火车站和车站周边现存的历史建筑遗存构成了一个和谐的整体。整体的中心点正是万里长城和京张铁路的交会点，象征着东西方文化的交会和两段历史的碰撞。至今这座车站仍保留着百年前的运营方式，所有经过这里的列车都要在短暂停靠后，经过著名的"人字形铁路"折返继续前行。青龙桥火车站所在的南口至八达岭段是百年京张铁路保留较完整的一段，在20公里的距离中，分布着南口、东园、居庸关、三堡、青龙桥5座老车站，而青龙桥火车站早在2008年就已被首都博物馆确定为工业遗产，老火车站站房和詹天佑墓等都进行了修缮和恢复原貌，作为爱国主义教育基地向公众开放。

神京右臂

沿河城路

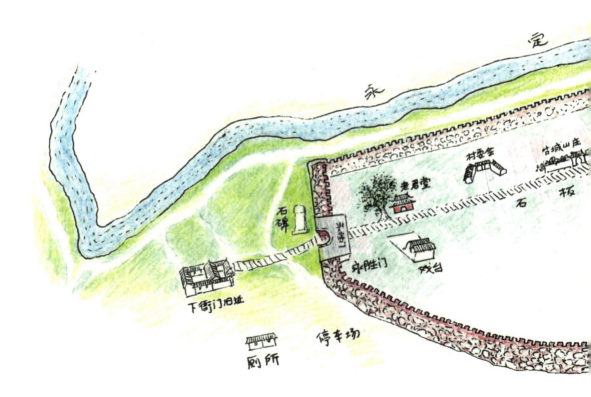

沿河城组团位于门头沟区，涉及斋堂镇。属明代真保镇管辖。突出代表是连续多座的沿字号敌台、沿河城城堡等遗存。

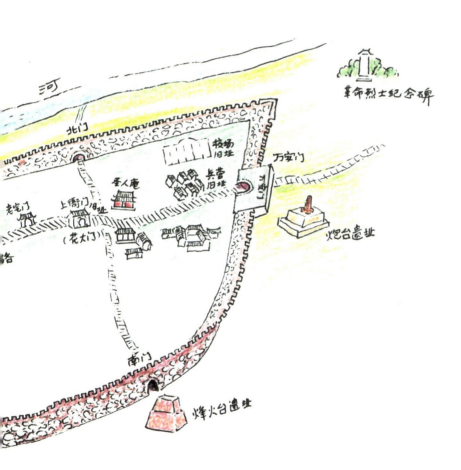

◇ 沿河城城门景观

◇ 沿河城东门

长城沿河城路位于京西门头沟区范围内，这里与开启中华五千年文明史的炎黄文化发祥之地——涿鹿山水相连，由于特殊的地形地貌和特定的地理位置，自古以来，此地就是兵家必争之地，我国北方各民族相争相融往来于此，北京西部长城文化就是在这里诞生、传承、发展的。封建王朝的统治者视此地为"据天下之脊，控华夏之防"的"神京右臂"，不断在京西纵深百余里的战略要冲筑长城、建城堡、设关隘、部戍兵，严密控制西山边缘与纵深道路。从汉代烽火台、北齐长城、东魏城堡、元代垒寨，到明代在历代修筑的长城关隘基础上的大规模修筑和完善，一个以长城关隘为中心的纵横交错的防御体系屹立在京西门头沟崇山峻岭中，门头沟明长城断续分布在清水、斋堂、雁翅三镇内。墙体长约4000米，墙体上有敌台17座，墙体周边有城堡2座，烽火台2座，挡马墙6段，砖窑遗址5处。建筑年代为明隆庆至万历初年，属于内边长城系统，归真保镇管辖。墙体为碎石和土镇芯夯筑，外包块石垒砌而成。敌台为戚继光创建的空心敌台形制。城堡为本区域内长城防御系统的指挥枢纽。烽火台用于瞭望及传递信息。挡马墙主要用于截断本区域山地间通往河北的路径。砖窑用于就地取材烧砖修建敌台。展现了"神京右臂"拱卫京畿的强有力功能。随着历史的变迁和社会的发展，曾经位于险古要塞的长城关隘，只留下丰富的遗迹遗址，既有烽火台、城墙、关城、地道、军道、碉楼、垒寨等古代军事遗迹，又有守关将士后裔繁衍生息而成的军户村和守边军队留下来的民风习俗，为我们留存了时代记忆。

沿河城村在历史上是北京西部的一处军事重地，具有重要军事地位。在明清两代，是京西地区的军事指挥中枢，驻军在千人左右，统辖沿河守备军以及 40 公里的长城防线，17 座关口。共有 11 座空心敌台，北京市乃至华北地区唯一的一座石头军事古城。历朝历代都十分看重这里的军事地位。

◇ 万安门与永胜门

沿河城村长约 500 米，宽约 250 米，一面呈直线，其他三面因山势而建，不很规则，城的东西大街为主街，石板铺就，贯通城中，连接东西二门。沿河城城门之上皆有城门楼，因年深日久城门楼皆已坍塌，荡然无存。东门面向京城，故名之为"万安"；西门面对蒙古各部来犯之向，故名之为"永胜"。我们今天还能看到，城门上那块汉白玉门额上"永胜门"三个字，端庄秀美，仿佛昨天才写上去。因为沿河城是依南山而建，故南北城门皆为券形水门，均为砖石结构，以花岗岩条石为基座，其上垒以青砖。现西、南、北三门具在。

◇ 下衙门

下衙门位于西关，原为老爷庙，有关帝、周仓、关平塑像。后有把总驻此，主管城防事务，俗称"下衙门"。现为邮局。

◇ 戏台

戏台位于城内，瑞云寺对面，古代酬神娱人之所。戏台原在北面，后改于此，2009 年再次重修。

戏台始建于明，位于沿河城中部偏西，坐南朝北，三间，坐落于 1.5

◇ 沿河城戏台

米高的石砌筑台基上，台基长 7.3 米，宽 8.3 米。面阔 6.2 米，进深 7.4 米，悬山卷棚顶，垂脊之端有吻兽，顶部用灰筒瓦，石望板，带勾头滴水，木制大搏风板，八柱乘架，双层椽子，木构架上施旋子彩绘。东、西、南三面为石砌山墙，台脸北开。在北方，戏台往往是乡村的文化中心，是民间精神的寄托处。能修建戏台唱大戏的，都是要津之地，最起码也是经济富庶的村落。戏台在明清时期曾发挥过重要的作用，它为当时驻扎在这里的将士提供了举行祭拜大典和娱乐活动的场所，是沿河城最为重要的古建筑之一，至今保存基本完好，两根朱红色大柱子立在 1.5 米高的石阶上，撑起头上的悬山卷棚顶，显得气势非凡。柱枋间的彩绘虽然年深日久已斑驳脱落，从其残余的色彩上，也还是能想见当年的荣光。戏台前面是个小广场，与戏台隔着小广场相望的，是一株参天古槐，历经岁月的风雨，古槐依然枝繁叶茂，沿河城许多大事都是在这棵古槐下发生的，戏台和古槐见证了沿河城的历史沧桑。

◇ 古民居

沿河城村至今仍保留有一些古民居。步入前街，映入眼帘的是沿河城村 152 号院，为一处雕梁画栋的大门楼，五级青石台阶，墙体磨砖对缝，清水脊，戗檐饰以砖雕，虎头瓦当，墙腿石饰有雕花。大门前有一对精美的门墩石。古朴的民居、雕花门楼、影壁和门墩石，仍保留了历史的烙印。遗存至今的古民居有 142 号院、147 号院、151 号院和 152 号院。

◇ 圣人庙

圣人庙即文庙，明代已建，在村东上衙门东北，庙前有"文武官员人等至此下马"的下马碑，院中有坐北朝南的大殿三间，内设圣人牌位。院内尚有西房两间，古树参天，郁郁葱葱。《沿河口修城记》碑即在此矗立近四百年。"文庙"曾长期作为村塾所在地，五十年代后成了生产队饲养

◇ 沿河城内古树

室，西厢房成了牲口棚。在京西山区诸多乡镇中的上百个村庄中，真正有孔庙的就沿河城这一座，而沿河城又是元明清以来的京西军事指挥中枢，驻屯将佐士兵三千余人，在军人云集以军事著称的沿河城居然独一无二地建有孔庙，标志着那时的军人渴望允文允武，文武双修的心态和追求。

《沿河口修城记》碑原立于沿河城圣人庙内，碑身高 2.17 米，宽 0.88 米，汉白玉石质，显得端庄大气。额首呈方圆形，阳刻云纹优美饱满，环绕着中下方"沿河口修城记"六个篆字。额首下方的碑身四周雕刻着精美的浪花纹饰，中间碑文为阴刻，字迹镌刻清晰隽秀，错落有致，整块石碑浑然天成气宇轩昂。碑文详细记录了万历六年（1578 年）建城经过。"国家以宣云为门户、以蓟为屏，而沿河口当两镇之交，东望都邑，西走塞上而通大漠，浑河荡荡襟带其左，盖腹心要害处也。"首先阐明沿河口的战略地位，在"腹心要害处"修城的必要性。其次是建造年代，"今皇帝六年……"明确指出沿河城建于明代中后期的万历六年，也就是 1578 年。碑文不仅详细介绍了修城的原因、经过、作用，最重要的是阐明修建沿河城的意义："此其为国家计久远，岂惟一城！"石碑记录了沿河城的历史，为后人留下了丰富的档案资料。

◇ 镇海候

镇海候正对北门，位于现在粮库门前，有一尺高的泥塑像一座，供奉的是宋朝将军施谔（伯成），封号靖江王镇海候。屋内环有壁画，相传北门为水门，镇海候乃镇水之神，早已无存。

◇ 城隍庙

城隍庙 1623 年张经纬建，在城东门南，三官庙东，三间房，有泥塑城隍老爷像，门前有两马童为城隍庙老爷拉马塑像，1931 年遭坏人拆毁。

◇ 沿河城内民宅

◇ 营房

在沿河城上衙门东北，北门之东，小校场旁边，当年是驻军之所，现在乃一片民房。

◇ 小校场

小校场位于沿河城内东北角，与营房、上衙门相近，乃城内驻屯之军每日清晨齐队操练之所。现在已经建起房屋，成为沿河城乡政府宿舍。

◇ 老君堂

老君堂与戏台相对。明代已建，道教建筑，供奉太清太上老君李耳。坐北朝南，里外两院，内院正殿三大间，有老君塑像及壁画，巨钟一口，后因年深日久，庙宇倒塌，得到柏山寺末代住持寿材和尚资助修复，故老君堂又有门额曰"瑞云寺"。修复后无塑像，仅在墙上彩绘老君像。清末至抗战初期，该庙一直存有清兵的兵器，像大抬杆儿，土炮等。

东西两厢清末民初为村塾所在地，由师正聪、黄国珠执教，后兴办新学，直至学校撤到斋堂之前一直都是学校所在地，前几年老君堂内外两院被夷平成为学校操场，学校校长室、会议室即为老君堂正殿旧址。

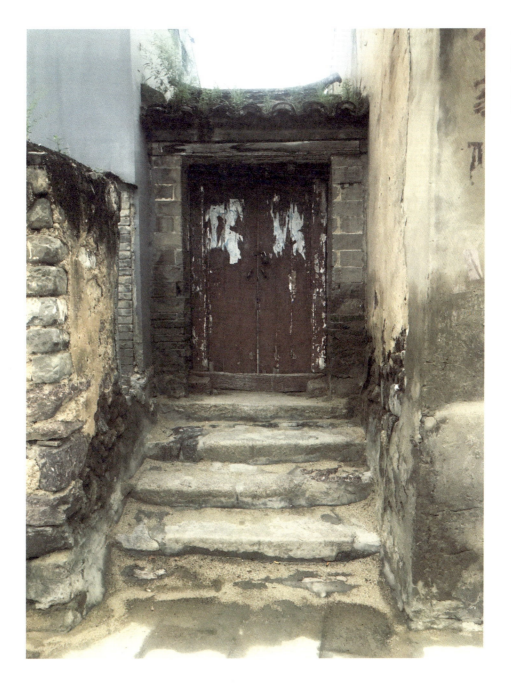

◇ 保存下来的沿河城古城墙上泄洪门

◇ 沿河城小北门及墙体

沿字 1—15 号敌台

敌台是屯兵作战用的，建在交通要道险要处。敌台居高临下，扼守要冲，易守难攻。敌台的台基是用巨大的花岗岩条石砌筑。台身用青砖砌就，射孔、窗口、券门均用石料雕砌而成。

1984 年 5 月，北京市政府将沿河城与敌台公布为文物保护单位。沿此城辖有分布于沿河口、龙门口、黄草梁、洪水口一线长达 40 公里，山巅或险隘处的敌台 15 座，其中 3 座已毁。筑于明万历元年至三年（1573—1575 年）。分上下两层，高约 15 米，宽 10 米以上。底层用石条铺砌，墙身砌砖；上层周围有垛口，上下层之间有梯相通。敌台上的石额都刻有编号，敌台之间有的虽无城墙连接，但能凭地形居险，彼此呼应，形成一道连续性的防线。

敌台高 10 米以上，呈方形，边长近 10 米，分三层，下部为实心，中层内为方形砖室，回廊外壁每面设有四个窗口，用于瞭望敌情和发射火器内室一侧壁间有夹墙，用砖砌成的台阶一直通往台顶。台顶四周为垛墙，墙上开有射孔。

在沿河城外西北方向不远处的山口两侧各有一座雄伟的敌台，编号为"沿字四号台"和"沿字五号台"。沿山谷行进，峡谷内一侧半山腰处还有一座敌台，保存完好，编号为"沿字三号台"。这些敌台高低错落地分布在山峰之中，大有"一夫当关，万夫莫开"之势。展示了我国古代的劳动人民的无尽的创造力，以及抵御外来侵略的能力和决心。

深山峡谷中的敌台

◇ 沿河城敌台遗址

◇「沿」字编号敌楼藏在深山中

◇ 门头沟长城敌楼景观

◇ 带有「沿」字编号的长城敌楼

黄草梁位于北京市门头沟区斋堂镇北 14 公里处，主峰海拔 1773 米，与灵山、百花山、妙峰山遥遥相望，为北京市西南山区高峰之一。自古就是北京通往塞北的重要通道，传说蚩尤与黄帝战于涿鹿，曾通过于此；王翦灭燕经过于此；元灭金、明抵蒙古都曾在此激战，留下了诸多历史遗迹。

黄草梁北一带，敌台丛密，城墙连缀，七座城楼于山体上连成一线，故称"七座楼"。敌台地据要处，有"一夫当关，万夫莫开"之势。由于黄草梁上的敌台施工细致，用料精实，虽经四百余年风雨剥蚀，至今仍保存完整雄姿依旧。古道旁当年圈马的马圈、明代长城、摩崖石刻保存完整。巍然屹立于群峰之上，成为风景优美的评古吊今之处。此处为内长城，北通居庸关，南达紫荆关，是北京西部的重要防线，归沿河城管辖，所以这里的敌台都被标上"沿字 × 号台"。

门头沟区长城建筑用石料和城砖均在附近就地开采、生产。柏峪村明长城砖窑遗址，位于柏峪村东北 1500 米的山洼处，此地人称"百窑"。在其东侧 200 米有地名曰"晾台"。山腰黄土层深厚纯净，地堰垒砌了大量残城砖。现存残窑 7 座，窑呈圆形，直径约 3 米，窑壁烧结坚硬。还有许多尚未发掘的砖窑，其结构与高度不详。此处窑群在明代万历年间烧城砖，供天津关建关城、筑敌台。柏峪村长城砖窑是门头沟区目前发现最大最完整的古砖窑遗址。门头沟区政府 1998 年公布其为第四批文物保护单位。

京西古道与长城关隘

京西古道，是北京西部地区、永定河中上游流域自有人类活动以来所形成的古老道路的统称。从时间概念上讲，京西古道已有近200万年的历史，史前文明阶段。旧石器时代和新石器时代，先民们迁徙、往来形成的天然通道，是京西古道的起始。从空间概念上讲，京西古道约有上万平方公里范围，既包括京西平原地区的古道，也包括北京西山及相邻怀涿等地区的古道。北京有着3000多年建城史和近800多年建都史，从元代起就已成为全国的政治、文化中心，因城市建设与政治、生活需要，使得"太行山之首"的北京西山逐步成为"神京右臂"，成为军事屏障，成为建材和能源基地，成为宗教圣地，京西古道是在特殊地理环境上产生和分布、在特殊人文背景下出现并发展的古代道路。京西古道在门头沟区境内，除有主路和支路之分外，按功用可分为古商道、古香道和古军道三大类。主要有西山大路及其支路和延伸线。古道纵横门头沟区全境，长40余公里，其主路与支路连村穿镇，形成了遍布整个区域的古道网络。部分古道上，条石褐褐，卵石累累，蹄痕内嵌，尽显沧桑；古道周边富有寺庙、古村、古长城、古桥梁、古渡口等遗址遗迹，形成星罗棋布的古建筑群，无不蕴藏着丰厚的文化内涵。

京西古道，基本上是沿着永定河两岸而分布。京西古道隐匿群山峻岭之间，起伏跌宕，迂回宛转，时而临水，时而登崖，时而岭现，时而林没，幽深而境远；宽处七八米，窄者容一足；古道上的路石更为神奇，大者如碣，小者如卵，光者如镜，麻者似鳞，随处可见的蹄窝，把古道点缀得更加沧桑。行走其间，过关城，越隘口，跨古桥，听流水，见饮烟袅袅，观翠柏苍松，京西美景尽收眼底，尽揽于怀。

京西古道缘起于永定河流域人类迁移活动，发展与该地区人类军事、经济宗教及民间交往活动的需要。门头沟地区的长城关隘基本上是以大路

为关、小路为口，纵为防守、横为联络而设置的，沟通长城关隘的古道是长城防御体系的重要组成部分。以斋堂至沿河城的古道为例，自斋堂村起，经白虎头、牛战，越娄儿岭而下，山势较为陡峭难行，下山后为傍山线路。沿河口为古代北京西部重要的军事隘口，明朝有重兵驻守，设守御千户；清朝设守备，负责15座敌台一线的防务。在斋堂建有斋堂城，是军事防御线的后方基地。当时所有的军用物资、建筑材料的运输、军队移防、敌台之间的联络均靠此路通行。由于军事、经济、文化等各方面的需要，发展成为一条重要的交通运输干线，同时也是重要的交通枢纽，沿途有许多支线。

京西古道作为先辈创业的历史遗迹，蕴藏着丰厚的文化内涵。京西古道及古道文化是祖先给我们留下的宝贵遗产。

长城脚下军户村

在京西星罗棋布的村落中，有20余个军户村落。这些村落古为守关口的军事屏障，多以军、城、口为名，其中带"军"字的军户村落有军庄、军响、千军台；带"城"字的军户村落有沿河城、斋堂城、城子、东辛城、西辛城；带"口"字的军户村落有白瀑口、王平口、洪水口，等等。至今仍有一些军事文化遗存。

柏峪村是比较典型的军户村，古称"柏峪口"。因此地多生长柏树和榆树而得名"柏榆村"，又因地处谷峪地带，后称"柏峪村"，是历史悠久的军户村落。

村东北有军事遗址天津关，辽金时的"粘罕出兵南暗口""皇太妃岭道出奇兵"均借道于此，是典型的军户村落，至今还遗存有军事设施和军户习俗，传承着古代军事文化。

据元《析津志》载，至正十八年（1358 年），为了有效地进行防卫，不仅京师 11 门筑瓮城、造吊桥，城周设军营，还派出高级官员到斋堂地区"验地理，审形势，分四至，通路道"，决定"于各处把隘口、寨、村、岭，必令垒寨去处"。这就是元末发生在斋堂的一件大事，即"元末垒寨"。"北至天津岭口，六十里，属保安州界，柏峪、梁家庄垒……九山小道六十里，属保安洲，人行道（柏峪断）。"这可以证明，柏峪早在垒寨之前已成村落，而且是与军事有关的村落，至今已有六七百年历史。

明清时期村东北有军事遗址"天津关"，天津关于明景泰二年（1451 年）建有堡城。直到清末，尚有兵马驻防于此。随着守关军士长期驻扎，附有家属同垦开荒，逐步发展演变，统为一村。村中至今还遗存有军事设施和军户习俗。

柏峪村里的房屋基本还保存着明清时期的建筑风格，为小四合院，木质的街门，雕花刻字的墙腿石、门墩石，彩绘的影壁，明显遗留着历史的烙印，显现出别具一格的古朴和沧桑。村里的房屋依山而建，错落有致，院墙、房屋、道路大多是用石头搭建而成的，沿着这条山石铺就的台阶上到半山腰，可以俯瞰到山下的村庄屋顶，参差不齐，错落有致。

柏峪村以优美的环境，丰富的文化内涵，众多的文物，美丽的自然风光，古老的民居，尤其是特有的军户、民俗、民风，传承着古代军事文化。

参考文献

[1] 张明义,王立行,段炳仁.北京志·世界文化遗产卷·长城志[M].北京：北京出版社, 2008.

[2] 北京市政协教文卫体委员会,北京国际城市发展研究院.长城踞北·综合卷[M].北京：北京出版社,2018.

[3] 北京市政协教文卫体委员会,北京国际城市发展研究院,北京市平谷区政协.长城踞北·平谷卷[M].北京：北京出版社,2018.

[4] 北京市政协教文卫体委员会,北京国际城市发展研究院,北京市密云区政协.长城踞北·密云卷[M].北京：北京出版社,2018.

[5] 北京市政协教文卫体委员会,北京国际城市发展研究院,北京市怀柔区政协.长城踞北·怀柔卷[M].北京：北京出版社,2018.

[6] 北京市政协教文卫体委员会,北京国际城市发展研究院,北京市延庆区政协.长城踞北·延庆卷[M].北京：北京出版社,2018.

[7] 北京市政协教文卫体委员会,北京国际城市发展研究院,北京市昌平区政协.长城踞北·昌平卷[M].北京：北京出版社,2018.

[8] 北京市政协教文卫体委员会,北京国际城市发展研究院,北京市门头沟区政协.长城踞北·门头沟卷[M].北京：北京出版社,2018.

[9] 中共北京市委党史研究室,北京市地方志编纂委员会办公室.北京长城故事[M].北京：北京出版社,2022.

[10] 王玲.北京的长城[M].北京：北京燕山出版社,1991.

[11] 罗哲文.长城[M].北京：北京美术摄影出版社,2000.

[12] 王岩.北京长城概览[M].北京：北京出版社,2018.

[13] 连玉明.北京的长城[M].北京：科学出版社,2022.

后记

　　《图说北京长城文化带》系配合北京全国文化中心建设的系列丛书之一，与已经出版的《图说北京大运河文化带》是姐妹篇。这本书的出版正值邓小平、习仲勋老一辈革命家题词"爱我中华，修我长城"40周年。为此，中国财经出版传媒集团经济科学出版社非常重视这本书的出版，在2023年专门制定了出版计划，组成了出版和研究工作小组，细致地制定了本书编写计划。根据北京长城文化带规划建设特点，本书内容确定按照"五路组团"的框架进行编写，调研和实地采风由北京史研究会原会长李建平主导，分别对平谷区将军关、密云区司马台和古北口、怀柔区慕田峪、昌平区居庸关、延庆区八达岭、门头沟区沿河城等长城段进行了实地考察和景观拍摄，并制作成配套的数字资料！不仅实地掌握了第一手素材，而且积累了大量视频和照片资料，为图书编辑准备了大量素材。在获得大量图文的基础上，相关人员又在当代中国研究所进行了多次研讨，明确本书编写思路，照片甄选。在照片甄选过程中，刁其武、陈晓苏、李剑波等为图书出版提供了珍藏的照片；李建平为本书绘制了线图和示意图；张蒙为本书收集了大量文献并最终形成了文字说明。

　　就在本书稿交付出版社印刷之际，又听到习近平总书记于2024年5月14日给北京市延庆区八达岭镇石峡村的乡亲们的回信，充分肯定了这些年来石峡村自发守护长城，传承长城文化、并依托长城资源走上了致富路。同时，进一步明确了长城是中华民族的代表性符号和中华文明的重要象征，凝聚着中华民族自强不息的奋斗精神和众志成城、坚韧不屈的爱国情怀。保护好、传承好这一历史文化遗产，是我们共同的责任。为了弘扬长城精神，传承爱国情怀，普及长城文化带北京段的保护意义，让更多的人关注长城、关爱长城，保护全人类共同的文化遗产，使更多的人了解长城文化带在列入世界文化遗产之后保护建设的美好前景，进一步增强保护历史文化遗产和生态环境的自觉性，在社会上营造浓厚的爱我中华、保护文物氛围，"不忘初心，守正创新"，为弘扬中华优秀传统文化、保护长城作出新的更大贡献，为弘扬中华民族精神和长城伟业及长城文化事业的发展谱写新的历史篇章，为新时代社会主义建设注入新的活力。我们推出了《图说北京长城文化带》这本科学普及读物，以图文并茂的形式，让读者直观了解北京长城文化带。在本书编写过程中，我们对指导和支持的老师们表示由衷的感谢！感谢他们提供的优质服务和提供珍藏的照片，使书稿更加完善，使图书顺利出版。虽然我们努力完善内容，但因受时间、个人水平、档案材料等限制，书稿中肯定还有不当之处，敬请读者批评指正。

《图说北京长城文化带》编委会

2024年8月